Serviettentechnik

Serviettentechnik

Klassisch, transparent und dreidimensional

Bassermann

INHALT

Material und Technik

Serviettentechnik

Bei der Serviettentechnik werden mithilfe eines speziellen Klebelacks Motive von Papierservietten auf einen Bildträger aufgebracht.
Als Träger für die Serviettenmotive eignen sich viele Materialien: Wachs, Holz, Pappe oder Karton, Glas, Plastik und Styropor. Sogar Stoff (z. B. Leinen, Seide oder Filz) lässt sich mit den Serviettenmotiven gestalten.
Viele Motive wirken besser, wenn Sie den Untergrund der zu beklebenden Objekte zuvor mit einer hellen Farbe grundieren. Hierzu eignen sich am besten Acrylfarben auf Wasserbasis.
Als Grundmaterial für die Serviettentechnik benötigen Sie Papierservietten mit verschiedenen Motiven, eine Schere, Klebelack und einen weichen Pinsel.

Serviette vorbereiten

Papierservietten bestehen fast immer aus drei Lagen: einer oberen Schicht mit aufgedrucktem Motiv, einer Zwischenlage und einer Unterschicht. Die unterste Lage wird nicht benötigt. Lösen Sie sie vorsichtig ab, ohne die übrigen Schichten zu beschädigen. Ist das Motiv auf der Serviette sehr hell oder der vorgesehene Untergrund besonders dunkel, empfiehlt es sich, die Zwischenlage nicht zu entfernen, da so eine größere Farbintensität des Motivs erreicht wird. Ansonsten wird die mittlere Schicht ebenfalls abgezogen und nur die obere Schicht verarbeitet. Da das Serviettenpapier sehr dünn ist, bietet es sich an, zuerst die Motive auszuschneiden und danach die Papierlagen abzuziehen.

Tipp
Benutzen Sie zum Abziehen der Papierlagen ein Stück Klebefilm, das Sie auf den Rand der unbedruckten Lage drücken. Ziehen Sie es dann vorsichtig ab, und die Schicht löst sich problemlos.

Träger vorbereiten

Wichtig ist, dass alle Objekte, die Sie bearbeiten möchten, sauber, trocken und staubfrei sind. Fertig gekaufte oder wiederverwendete Holzobjekte haben oft eine raue Oberfläche. Die Unebenheiten können aber ganz leicht mit Schleifpapier geglättet werden. Achten Sie darauf, den Staub vor der Weiterverarbeitung vollständig abzuwischen.
Wenn Sie Objekte grundieren, sollten Sie die Farbe in gleichmäßigen Strichen auftragen.

Klebelack auftragen

Der Klebelack soll dünn aufgetragen werden. Das gelingt am besten mit einem weichen Pinsel. Der Klebelack ist anfangs milchig und trocknet binnen weniger Minuten. Er wird immer unter und über der Serviette aufgetragen, sodass das empfindliche Vliespapier vollständig von Klebelack umschlossen wird.
Für die Grundschicht unter dem Serviettenmotiv wird der Klebelack auf dem ganzen Objekt aufgetragen (würden Sie ihn nur dort auftragen, wo später die Serviette aufliegt, entstünden unschöne Ränder). Für die Schutzschicht über dem Motiv genügt es, den Klebelack nur im Bereich des eigentlichen Motivs dünn mit dem Pinsel aufzutragen.

Motiv fixieren

Es gibt zwei Methoden, um Objekt (Schachteln, Karten, Pappe etc.) und Serviettenmotiv miteinander zu verbinden:

Fixieren ohne Bügeln: Bei Trägermaterialien wie z.B. Styropor, Wachs, Kunststoff oder anderen hitzeempfindlichen Gegenständen reicht es völlig aus, wenn Sie das Objekt dünn mit Klebelack einstreichen, diesen kurz antrocknen lassen und das Serviettenmotiv auf die gewünschte Stelle legen. Das dünne Papier dann mit den Fingern vorsichtig andrücken und zu den Rändern hin glatt streichen. Nach dem Trocknen wird das Motiv von der Mitte zu den Rändern hin mit einer dünnen Schicht Klebelack versehen.

Aufbügeln: Werden Stoffe oder größere, sehr glatte Flächen mit Serviettenmotiven verschönert, ist es ratsam, die Motive mit dem Bügeleisen zu fixieren.

Hierbei werden die ganzen Objekte dünn mit Klebelack eingestrichen. Der Lack trocknet in wenigen Minuten. Noch schneller geht es mit dem Haartrockner.

Ist der Klebelack getrocknet, können Sie das Motiv auflegen. Decken Sie es mit einem etwas größeren Stück Backpapier ab und bügeln Sie mit dem Bügeleisen – möglichst in der höchsten Stufe – kurz darüber.

Größere Motive fixieren Sie zuerst von der Mitte aus und arbeiten sich dann zu den Rändern vor. Achten Sie darauf, dass alle Luftblasen herausgebügelt werden und die Ränder des Motivs fest aufliegen.

Um das Serviettenmotiv zu schützen, tragen Sie nun noch eine Lackschicht auf. Blasen oder kleinere Fältchen verschwinden fast vollständig, wenn der Lack trocken ist.

Tipp

Der normale Klebelack ist meist nicht wasserfest. Die Objekte können trotzdem mit einem feuchten Tuch gereinigt werden. Möchten Sie das Kunstwerk nach draußen stellen oder es verschenken, bietet sich das Schützen mit Außenlack an. Diesen Endlack gibt es von Matt bis zu Brillantglanz. Sie sollten ihn zweimal auftragen und zwischen jedem Arbeitsgang vollständig trocknen lassen (etwa 2 Stunden).

Servietten auf Stoff applizieren

Für das Applizieren von Serviettenmotiven auf Stoff benötigen Sie einen speziellen Klebelack für Textilien. Ungeeignet für diese Technik sind gröber gewebte Stoffe da die Serviettenmotive nicht ganzflächig aufliegen können. Bedingt geeignet sind stark dehnbare Stoffe wie Strick oder Jersey. Ideal sind z.B. feste Baumwollstoffe.

So werden die Motive auf den Stoff aufgebracht:

- Motiv aus der Serviette schneiden und die beiden unteren Lagen abziehen.
- Stoff an der entsprechenden Stelle mit Spezialklebelack dünn einstreichen, die oberste Serviettenlage auflegen und andrücken. Von der Mitte aus mit vorsichtigen Pinselstrichen nochmals mit dem Klebelack fixieren.
- Nach 24-stündigem Trocknen Backpapier auflegen und den Stoff mit dem Bügeleisen heiß überbügeln.

Tipp

Waschen Sie beklebte Textilien immer mit der Hand bei maximal 30 °C und mit Schonwaschmittel. Schützen Sie die Applikationen beim Bügeln durch eine Lage Backpapier.

Serviettenmotive als Fensterschmuck

Aus Servietten können Sie auch wunderschöne transparente Fensterbilder fertigen. Bevor Sie die Motive aber an die Scheibe bringen können, müssen Sie ihnen Haftfähigkeit, Elastizität und Haltbarkeit geben.

Serviettenmotive vorbereiten

Es gibt zwei verschiedene Methoden, die Servietten vorzubereiten.

Aufbringen auf weiße Adhäsionsfolie: Werden Serviettenmotive auf weiße Adhäsionsfolie aufgebracht, erscheinen sie im Gegenlicht sehr brillant, da die Folie nicht durchscheinend ist. Als Grundmaterial benötigen Sie weiße Adhäsionsfolie (z. B. von Heyda), Papierservietten, Window-Color-Farbe in Kristallklar, einen Lackierpinsel und eine Schere.

- Schneiden Sie das Motiv grob aus und entfernen Sie die beiden hinteren Papierlagen.
- Streichen Sie mit dem Lackierpinsel sehr dünn klare Window-Color-Farbe auf die Folie. Serviette auflegen und zu den Seiten hin vorsichtig mit leichtem Druck anstreichen. Trocknen lassen.
- Oberfläche wiederholt dünn mit Window-Color-Farbe bestreichen.
- Nach dem Trocknen wird das Motiv exakt ausgeschnitten.

Tipp

Da die Oberfläche der Fensterbilder selbstklebend ist, darf sie nicht mit rauen Materialien, z. B. Papier, in Berührung kommen. Bewahren Sie daher die vorbereiteten Motive und fertige Fensterbilder, die nicht am Fenster kleben, in Prospekthüllen auf.

Motive mit Window-Color-Farbe behandeln: Wird ein Serviettenmotiv mit weißer Window-Color-Farbe behandelt, erzielt man die gleichen Effekte wie mit der weißen Folie: Das Motiv wird selbstklebend, blickdicht und brillant.
Als Grundmaterial benötigen Sie Papierservietten, Malfolie, klare und weiße Window-Color-Farbe, einen Lackierpinsel (eventuell auch einen Kartonrest) und eine Schere.

- Schneiden Sie das Motiv grob aus und entfernen Sie die beiden hinteren Papierlagen der Serviette.
- Streichen Sie mit dem Lackierpinsel sehr dünn klare Window-Color-Farbe auf die Malfolie. Serviettenmotiv mit der bedruckten Seite nach unten auflegen und zu den Seiten hin vorsichtig mit leichtem Druck anstreichen. Trocknen lassen (Abbildung 1).
- Erneut dünn klare Window-Color-Farbe aufstreichen und durchtrocknen lassen.
- Rückseite dann dick mit weißer Window-Color-Farbe bestreichen (Abbildung 2), entweder zweimal hintereinander mit dem Pinsel oder mit einem aus Pappe gebastelten Spachtel (etwa 5 x 8 cm).
- Nach dem Trocknen wird das Motiv von der Folie abgezogen und exakt ausgeschnitten (Abbildung 3).

Tipp

Wenn Sie statt mit Weiß mit Perlmutt arbeiten, erhält das Motiv einen seidigen Schimmer.

Abbildung 1

Abbildung 2

Abbildung 3

Die vorbereiteten Serviettenmotive können Sie einfach nur so, als Zusammenstellung mit anderen Motiven (Puzzletechnik) oder durch Window-Color-Malerei ergänzt (Kombitechnik) ans Fenster kleben.

Puzzletechnik

Bei der Puzzletechnik verbinden Sie verschiedene Serviettenmotive mittels Window-Color-Farbe miteinander und gestalten so große Bilder. Als Grundmaterial benötigen Sie vorbereitete Serviettenmotive, transparente Adhäsionsfolie, einen dünnen Folienstift, eine kleine Schere und Window-Color-Farbe in Kristallklar.

- Setzen Sie die einzelnen vorbereiteten Motive wie ein Puzzle auf der Adhäsionsfolie zusammen. Bei Motiven, die sich überlappen, wird auf dem hinten liegenden Teil mit dem Folienstift die Kontur des vorderen Motivs angezeichnet und die Überlappung entlang den Linien ausgeschnitten. (Leichte Überlappungen von 1–2 mm können bleiben.)
- Die Einzelteile werden dann mit etwas klarer Window-Color-Farbe miteinander und mit der Adhäsionsfolie verklebt. (Eventuell einen Tropfen Kristallklar auf die Rückseiten der Motive geben, um sie zu sichern.)
- Nach dem Trocknen wird das Bild ausgeschnitten. An sehr kleinteiligen Stellen etwas Folie stehen lassen.

Tipp

Wenn bei einem Serviettenmotiv Teile, z. B. Blüten, angeschnitten sind, schneiden Sie einfach einige Blütenblätter bei einer anderen Blüte ab und fügen sie an die unvollständige an.

Besonders schön werden die Übergänge zwischen den Motiven, wenn man die Konturen mit Plusterpens übergeht. Auch Details können mit diesen Farben sehr schön hervorgehoben werden.

Verzierungen mit Plusterpens

Als Grundmaterial für das Arbeiten mit Plusterfarben benötigen Sie Plusterpens in verschiede-

nen Farbtönen, Schmierpapier und Zahnstocher. Das Besondere an Plusterfarbe ist, dass sie, wenn sie im Backofen erhitzt wird (130 °C), aufplustert und so sehr plastisch wird. Auf diesen Effekt muss man bei den hitzeempfindlichen Fensterbildern natürlich verzichten. Plusterfarbe wird aus kleinen Fläschchen direkt auf den Malgrund aufgebracht. Feine Linien und Punkte werden mit dem Zahnstocher gesetzt, der zuvor in die Farbe getaucht wird.

Bei der Arbeit sollten Sie immer ein Schmierblatt neben sich liegen haben, um den ersten Tropfen aus der Flasche darauf zu tupfen – so vermeiden Sie Spritzer. Die Flaschen am besten über Kopf lagern, um ein Verstopfen der Tülle zu vermeiden.

Heben Sie leere Flaschen zum Mischen von Spezialfarbtönen auf (siehe Seite 11).

Tipp

Flecken auf der Kleidung können bei noch feuchter Farbe mit kaltem Wasser ausgewaschen werden.

Kombinationstechnik

Bei der Kombinationstechnik kombinieren Sie ein vorbereitetes Serviettenmotiv mit Window-Color-Malerei. Als Grundmaterial benötigen Sie Serviettenmotive, transparente Adhäsionsfolie, eine kleine Schere, Window-Colors in verschiedenen Farben, einen Zahnstocher und Schmierpapier.

- Legen Sie ein ausreichend großes Stück Adhäsionsfolie auf die entsprechende Vorlage (ab Seite 122). Platzieren Sie das vorbereitete selbstklebende Serviettenmotiv darauf (mit Kristallklar fixieren).
- Malen Sie die Window-Color-Passagen ohne Konturen dazu. Gemalt wird mit einer kleinen Tülle, die oben an den Flaschen sitzt. Fläschchen bei der Arbeit vorsichtig drücken und so die Farbe gleichmäßig freigeben.

Tipp

Schlagen Sie beim Malen mit der Flasche diese immer wieder kurz gegen die Tischkante, so läuft die dickflüssige Farbe schneller nach und Sie vermeiden Spritzer.

Window-Color-Farben sind untereinander sehr gut mischbar und beim Malen milchig. Sie werden aber nach einigen Stunden transparent (Ausnahmen: Weiß und Nachtleuchtend).

Sehr kleinteilige Motive, feine Linien und spitze Ecken malen Sie mit einem Zahnstocher, der in die Farbe getaucht wird.

Neben Ihren Malsachen sollten Sie immer ein Schmierblatt liegen haben, um den ersten Tropfen aus der Flasche darauf zu tupfen, so können Sie sofort erkennen, ob die Tülle verschmutzt oder verstopft ist. Durch Luftblasen in den Flaschen kann es außerdem zu Beginn der Arbeit zu Spritzern kommen. Diese gehen dann aufs Papier und nicht auf Ihr Bild.

Es dauert etwa sechs bis acht Stunden bis das Window-Color-Bild vollständig trocken ist.

Tipp

Lagern Sie die Flaschen mit der Window-Color-Farbe über Kopf (z.B. in einer alten Tasse). Dies verhindert, dass sich eine „Haut" bildet, die die Tülle verstopft.

- Nach dem Trocknen werden Konturen und Details mit Plusterpens (siehe Seite 9f.) auf das Fensterbild gemalt.
- Wenn auch die Plusterfarbe getrocknet ist, wird das Bild ausgeschnitten. An sehr kleinteiligen Stellen etwas Folie stehen lassen.

Farben mischen
Window-Color-Farben sind untereinander mischbar, gleiches gilt für Plusterpens. Heben Sie für das Mischen leere Flaschen auf und spülen Sie sie vorher gründlich aus. Geben Sie die verschiedenen Farben in ein Fläschchen und rühren Sie sie mit einem Schaschlikstäbchen gründlich um. Bei den folgenden Mischangaben sind die Verhältnissen in Millimetern (= Füllstand in der Flasche) angegeben.

Window-Color-Mischtöne:
Grüntöne: Grün 1 = 3 mm Hautfarben + 13 mm Olivgrün + 20 mm Kristallklar + 3 mm Mittelbraun + 20 mm Resedagrün
Grün 2 = 16 mm Resedagrün + 11 mm Zitronengelb + 10 mm Hautfarben
Grün 3 = 20 mm Resedagrün + 20 mm Kristallklar
Grün 4 = 14 mm Kristallklar + 16 mm Olivgrün
Grün 5 = 17 mm Tannengrün + 15 mm Kristallklar
Mischgelb: 20 mm Gelb + 20 mm Kristallklar
Plusterpen-Mischfarben: Mischgrün = 15 mm Braun + 30 mm Hellgrün
Beige = 20 mm Braun + 20 mm Weiß

Dreidimensionale Serviettentechnik

Mit der Serviettentechnik können Sie aber nicht nur Flächen und Fenster verschönen, sondern auch zauberhafte dreidimensionale Objekte basteln.
Die wichtigsten Hilfsmittel sind:

- Lufttrocknende Leichtmodelliermasse (z.B. Keraplast light), die zum Hervorheben einzelner Serviettenmotive benutzt wird. Die Oberfläche der Modelliermasse wird an der Luft in wenigen Minuten grifftrocken. Beim Verarbeiten daher immer nur so viel entnehmen wie benötigt, den Rest sofort wieder in einen Gefrierbeutel oder einen Kunststoffbehälter mit Deckel verschließen. Angebrochene Stücke können so verpackt über mehrere Tage aufbewahrt werden.
- Weißes Papier, Tonpapier oder Tonkarton

- Beidseitig selbstklebende Klebekissen aus Zellkautschuk. Es gibt sie meistens auf einer Klebeplatte mit 400 Klebekissen, in einer Größe von 100 x 100 x 3 mm.
- Abstandsband, ein doppelseitig klebendes Schaumstoffband, 1 oder 2 mm stark.
- Vliesofix wird für dreidimensionale Serviettentechnik auf Stoff benötigt. Es ist ein Haftvlies zum Applizieren mit dem Bügeleisen.
- Volumenvlies zum Unterfüttern des Serviettenmotivs auf Stoff.

Schichttechnik mit Klebekissen

Auf weißes Papier eine gleichmäßige Schicht Klebelack auftragen und trocknen lassen. Ein Serviettenmotiv mehrmals grob ausschneiden und die bedruckten Schichten auf das Papier legen. Mit Backpapier abdecken und aufbügeln (Bügeleisen auf Baumwolle einstellen). Nochmals mit einer zweiten Lage Klebelack abdecken. Etwa 20 Minuten trocknen lassen. Nun werden die Motive ausgeschnitten. Bei der 3-D-Technik wird in Schichten gearbeitet: Von Schicht zu Schicht wird mehr vom Hintergrund weggelassen, sodass die oberste Schicht nur noch aus den oben liegenden Motivteilen besteht. Für den Zuschnitt finden Sie Vorlagen im Anhang des Buches.
Die einzelnen Schichten werden mit Klebekissen als Abstandshalter miteinander verklebt.

Schichttechnik mit Abstandband

Die Vorbereitung der Servietten erfolgt wie bei der Schichttechnik mit Klebekissen. Nur werden jetzt die einzelnen Schichten mit Abstandsband verklebt. Abstandsband hat den Vorteil, dass es dünner ist als Klebekissen. Die einzelnen Schichten stehen nicht so weit voneinander ab.

Arbeiten mit Leichtmodelliermasse

- Das gewünschte Motiv ausschneiden und die oberste bedruckte Schicht lösen. Ein Stück Modelliermasse gut durchkneten und mit einem Nudelholz (o.Ä.) auf eine Dicke zwischen 2 bis 4 mm ausrollen (Abbildung 1).

Abbildung 1

Abbildung 2

Abbildung 3

- Das ausgerollte Stück Modelliermasse mit einer Lage Klebelack einstreichen und das ausgeschnittene Serviettenmotiv auf die Modelliermasse legen. Eine zweite Lage Klebelack nur auf das Motiv auftragen, dabei vorsichtig von innen nach außen arbeiten. Fünf Minuten trocknen lassen (Abbildung 2).
- Nun das Motiv mit einem Cutter ausschneiden. Hierfür Schritt für Schritt schräg in die Masse einstechen (Abbildung 3).
- Das ausgeschnittene Motiv umdrehen und nochmals vom Rand etwa 0,2 bis 0,5 cm abstechen (je nach Größe und Dicke des Motivs). So lassen sich die Ränder zum Schluss besser verarbeiten (Abbildung 4).
- Kleine Unebenheiten können mit dem angefeuchteten Finger oder einer ebenfalls angefeuchteten Nagelfeile verstrichen werden (Abbildung 5).

Arbeiten mit Stoff

- Das gewünschte Serviettenmotiv grob ausschneiden. Das Vliesofix etwas größer als die ausgeschnittene Serviette zuschneiden.
- Die oberste bedruckte Schicht der Serviette mit der rechten Seite nach oben auf ein mit Backpapier ausgelegtes Bügelbrett (um Verschmutzungen zu vermeiden) legen. Das Vliesofix mit der rauen Seite nach unten darauf legen. Das Ganze mit Backpapier abdecken und bügeln (Einstellung Baumwolle).
- Das Motiv jetzt genau ausschneiden und das Vliesofixpapier vom Motiv abziehen.
- Das Serviettenmotiv auf ein separates Stück Stoff in entsprechender Größe (oder besser größer) legen, mit Backpapier abdecken und das Motiv auf den Stoff bügeln. Die Rückseite ebenfalls bügeln, damit der gesamte Klebstoff des Vliesofix' in das Papier einzieht.
- Eine Lage Textilkleber mit einem Stoffmalpinsel dick auf die Serviette auftragen, auch die Ränder gut einstreichen. Trocknen lassen.

Abbildung 4

Abbildung 5

- Das Serviettenmotiv ausschneiden und mit Volumenvlies unterlegen.
- Serviettenmotiv samt Volumenvlies mit dem farblich passenden Garn auf das zu verzierende Objekt nähen.
- Zum Schluss eine zweite Schicht Textilkleber satt auf das Motiv, besonders die Nähte, auftragen. Die angefertigten Objekte sind nach 72 Stunden trocken und im Schonwaschgang bei 30 °C waschbar.

Der Frühling naht

Wenn draußen noch Schnee liegt und die Blumen im Garten noch nicht sprießen, bringen diese Töpfchen schon den Frühling ans Fenster.

Das brauchen Sie

Servietten „Schneeglöckchentopf", „Maiglöckchen und Schmetterling", „Frühlingsblumen"
Schere
Lackierpinsel
Window-Color-Farben in Kristallklar und Weiß
Malfolie
transparente Adhäsionsfolie
dünner Folienstift
Plusterpens in Braun, Mischgrün, Weiß, Gelb, Orange, Dunkelrot, Fliederblau, und Hellblau
Schmierpapier

Anleitung

- Serviettenmotive grob ausschneiden; die beiden hinteren Papierlagen entfernen.
- Mit dem Lackierpinsel sehr dünn klare Window-Color-Farbe auf die Malfolie streichen. Serviettenmotive mit der bedruckten Seite nach unten auflegen und zu den Seiten hin vorsichtig mit leichtem Druck anstreichen; trocknen lassen.
- Mit weißer Farbe satt überstreichen und gut trocknen lassen.
- Motive abziehen, ausschneiden und auf der Adhäsionsfolie zusammenpuzzeln.
- Überlappungen mit dem Folienstift markieren und zurechtschneiden.
- Übergänge dünn mit Window-Color-Farbe überstreichen; trocknen lassen.
- Mit den Plusterpens Konturen und Details nachmalen. Bei den Frühlingsblumen wurden zusätzlich noch kleine Blüten in Hellblau aufgetupft, um das Motiv symmetrischer zu machen.
- Die fertigen Bilder konturnah ausschneiden. An sehr kleinteiligen Stellen etwas Folie stehen lassen.

Dekorativer Osterkranz

Zartes Grün und Gelb bestimmen diese österliche Dekoration. Basis ist ein mit Heu umwickelter Strohkranz, den Sie nach Ihren Vorstellungen dekorieren können.

Das brauchen Sie

Strohkranz, mit Heu aufgebunden
Verzierungen, z. B. Efeu, Blüten, Vögel, Marienkäfer, Eier etc.
etwa 8 m kariertes Schleifenband, 40 mm breit
etwa 3,20 m Schleifenband in Weiß, 16 mm breit
Servietten mit Meisenmotiven
Schere
Klebelack
Pinsel
3 kleine, zweiteilige Plastikeier mit Öse
Satinband in Weiß, 5 mm breit

Anleitung

- Den Heukranz nach Geschmack mit Efeu, Blüten und weiteren passenden Dekoelementen verzieren.
- Für die Aufhängung vier etwa 1,20 m lange Karobänder am Kranz befestigen und zu einer großen Schleife zusammenführen.
- Den Kranz zusätzlich mit vier üppigen karierten und vier weißen Schleifen schmücken.
- Aus den Servietten die Meisenmotive exakt ausschneiden und mit Klebelack auf die kleinen Plastikeier kleben.
- Vier unterschiedlich lange weiße Satinbänder an den Ösen der Eier befestigen und die fertigen Eier an die Aufhängung oder den Kranz hängen.

Tipp
Mit anderen Accessoires wird aus dem Osterkranz ganz schnell eine Frühlings- oder Sommerdekoration.

Häschen in der Wiese

Dieses hübsche Frühlingsbild lässt sich gut in die rechte untere Ecke eines Fensters kleben. Hase und Löwenzahn sind Serviettenmotive, das Gras wurde einfach dazugemalt.

Das brauchen Sie

Servietten „Löwenzahn" und „Häschen"
Schere
Lackierpinsel
Window-Color-Farben in Kristallklar, Weiß sowie Mischgrün 2, 4 und 5
Malfolie
transparente Adhäsionsfolie
Schmierpapier
Zahnstocher

Anleitung

- Den Hasen und zwei Löwenzahnstängel grob ausschneiden; die beiden hinteren Papierlagen entfernen.
- Mit dem Lackierpinsel sehr dünn klare Window-Color-Farbe auf die Malfolie streichen. Serviettenmotive mit der bedruckten Seite nach unten auflegen und zu den Seiten hin vorsichtig mit leichtem Druck anstreichen; trocknen lassen.
- Mit weißer Farbe satt überstreichen und gut trocknen lassen.
- Motive abziehen, konturnah ausschneiden und auf die transparente Adhäsionsfolie kleben.
- Mit Mischgrün 2 und 4 von unten nach oben Grashalme malen, mit dem Zahnstocher die Spitzen nach oben ziehen.
- Im unteren Bereich des Bildes mit Mischgrün 5 kurze vertikale Striche ziehen. An schwer zugänglichen Stellen die Farbe mit dem Zahnstocher einziehen.
- Das Bild einige Stunden (am besten über Nacht) trocknen lassen.
- Die fertige Komposition konturnah ausschneiden. An sehr kleinteiligen Stellen (z. B. an den Spitzen der Grashalme) etwas Folie stehen lassen.

Nützliche Körbe

Hier wurden schon fertig gekaufte Körbe individuell verschönert. Eine willkommene Abwechslung für den sonntäglichen Frühstückstisch.

Das brauchen Sie

Obstkorb
Nudelholz
Leichtmodelliermasse
Cutter
Acrylfarben in Karamell hell und Antik gold-metallic
Pinsel
Klebelack
Rattankorb
Servietten „fruits and berries"
Schere
Außenlack
Lackierpinsel

Brotkorb Henne
Servietten „Henne"
Schere
Nudelholz
Leichtmodelliermasse
Klebelack
Pinsel
Cutter
Heißklebepistole
Strohkorb
Außenlack
Lackierpinsel

Anleitung

Obstkorb

- Mit dem Nudelholz ein großes Stück Modelliermasse ausrollen und daraus sechs 8 x 8 cm große Vierecke ausschneiden.
- Trocknen lassen und die Vierecke mit einer Farbmischung aus Karamell hell und Antik gold-metallic lackieren.
- Die Vierecke mit Klebelack auf den Korb kleben. Dabei auf den richtigen Abstand achten.
- Die Obstmotive aus der Serviette ausschneiden, die oberste bedruckte Schicht lösen und die Motive auf ein ausgerolltes und mit Klebelack bestrichenes Stück Modelliermasse legen. Motive mit Klebelack versiegeln und alles fünf Minuten trocknen lassen. Anschließend die Motive mit dem Cutter ausschneiden.
- Motive mit Klebelack auf den Vierecken befestigen. Die Ränder gut einstreichen.
- Nach ein bis zwei Tagen die Motive mit Außenlack lackieren.

Brotkorb Henne

- Das komplette Hennenmotiv zweimal sowie zwei Köpfe und zusätzliche Federn aus den Servietten ausschneiden (Reihenfolge siehe Vorlagen Seite 122 und 123) jeweils die oberste bedruckte Schicht lösen.
- Die ausgeschnittenen Motive auf ein ausgerolltes und mit Klebelack bestrichenes Stück Modelliermasse legen und mit einer zweiten Lage Klebelack fixieren. Alles fünf Minuten trocknen lassen.
- Anschließend die Motive mit dem Cutter ausschneiden.
- Die ausgeschnittenen Motive in richtiger Reihenfolge mit Klebelack auf den Hennen befestigen. Die kompletten Serviettenmotive mit der Heißklebepistole auf die Vorder- und die Rückseite des Korbes kleben.
- Nach ein bis zwei Tagen die Motive mit Außenlack lackieren.

Verliebtes Hasenpärchen

Der freche Hasibert und seine Freundin Haselinde treffen sich zum Rendezvous. Das hübsche Fensterbild wurde in Kombinationstechnik gefertigt. Die Vorlagen für die Hasenkörper finden Sie auf den Seiten 124 und 125.

Das brauchen Sie

Serviette „Hasenköpfe"
Schere
Malfolie
Window-Color-Farben in Kristallklar, Weiß, Bernstein, Hellbraun, Hellblau, Rot, Pink, Pariserblau und Grau
Lackierpinsel
transparente Adhäsionsfolie, DIN A3
Schmierpapier
Zahnstocher
Plusterpens in Braun, Gelb, Rot, Hellgrün, Blau, Schwarz, Weiß und Pink
Glitterpens in Gold und Pink

Anleitung

- Hasenköpfe grob ausschneiden; die beiden hinteren Papierlagen entfernen. Malfolie mit wenig klarer Window-Color-Farbe einstreichen und die Motive seitenverkehrt aufkleben; trocknen lassen. Mit weißer Farbe satt überstreichen und gut trocknen lassen.
- Köpfe abziehen und ausschneiden. Gemäß der Vorlagen auf die transparente Adhäsionsfolie kleben.
- Körper ohne Kontur mit Window-Color-Farben malen. Hände, Beine und Bauch der Häsin werden in Bernstein gemalt, entlang der Strichelung auf der Vorlage wird Hellbraun gesetzt und mit dem Zahnstocher etwas in das Bernstein gezogen, die entsprechenden Passagen wirken dann plastischer.
- Konturen und einzelne Details mit den Plusterpens malen.
- Das Bild einige Stunden (am besten über Nacht) trocknen lassen.
- Mit den Glitterpens über die Plusterkonturen des Schmucks und der Brille der Häsin malen sowie die Borten vom T-Shirt und den Nabel aufmalen; trocknen lassen.
- Die fertigen Hasen konturnah ausschneiden. An sehr kleinteiligen Stellen etwas Folie stehen lassen. Die beiden Bilder am Fenster aneinander fügen.

Küken im Nest

„Hurra, da bin ich“!, ruft das kleine Küken und wartet schon gespannt auf seine Geschwister. Das lustige Bild ist in Kombinationstechnik ausgeführt. Die Vorlagen für das Nest mit den Eiern finden Sie auf Seite 126.

Das brauchen Sie

Serviette „Küken“
Schere
Malfolie
Window-Color-Farben in Kristallklar, Weiß, Lavendel, Gelb, Rot, Hellblau, Orange und Olivgrün
Lackierpinsel
transparente Adhäsionsfolie
Schmierpapier
Zahnstocher
Plusterpens in Gelb, Rot, Mischgrün, Blau, Weiß, Violett und Orange

Anleitung

- Das Küken grob ausschneiden; die beiden hinteren Papierlagen entfernen. Die Malfolie mit wenig klarer Window-Color-Farbe einstreichen und das Motiv seitenverkehrt aufkleben; trocknen lassen. Mit weißer Farbe satt überstreichen und gut trocknen lassen.
- Motiv abziehen, konturnah ausschneiden und auf die transparente Adhäsionsfolie kleben.
- Das Nest mit den Eiern nach der Vorlage ohne Kontur auf die Folie malen. Beim weißen Ei zuerst die lavendelfarbenen Tupfen malen. Beim gelben Ei erst den Hintergrund malen und dann die Tupfen hineinsetzen.
- Mit Plusterpens Konturen und Gras malen.
- Das Bild einige Stunden (am besten über Nacht) trocknen lassen.
- Fertiges Nest konturnah ausschneiden. An sehr kleinteiligen Stellen (z.B. Grahalm) etwas Folie stehen lassen.

Herzlicher Willkommensgruß

Dieses kleine Kunstwerk macht sich gut an einem überdachten Hauseingang oder als Begrüßung im Hausflur. Es ist auch wunderbar als Geschenk zum Einzug geeignet.

Das brauchen Sie

Dachpfanne
Acrylfarben in Cremeweiß, Jeansblau und Sommerhimmelblau
Pinsel, fein und grob
Serviette „Swimming ducks“
Klebelack
Bügeleisen
Backpapier
Schere
Leichtmodelliermasse
Nudelholz
Buchstabenschablone
Bleistift
Außenlack
Lackierpinsel
künstliches Gras (zwei verschiedene Arten)
Heißklebepistole

Anleitung

- Eine gebrauchte Dachpfanne mit Wasser gründlich säubern und vollständig trocknen lassen.
- Nun die Vorderseite und Ränder der Pfanne in Cremeweiß streichen.
- Eine Serviettenhälfte rundherum ausreißen.
- Die Dachpfanne mit Klebelack bestreichen und das ganze Motiv in Bügeltechnik fixieren. Mit einer zweiten Klebelackschicht schützen.
- Aus der anderen Serviettenhälfte die stehenden Enten im Vordergrund ausschneiden.
- Die Modelliermasse etwa 5 mm dick ausrollen und die Enten mit Klebelack aufkleben. Nach dem Trocknen glatt streichen und auf der Dachpfanne befestigen. Eine zweite Schicht Klebelack zum Schutz darüber geben, dabei die Ränder gut andrücken.
- Die Buchstaben mithilfe der Schablone mit Bleistift vorschreiben. Dabei von der Mitte des Wortes nach links und rechts arbeiten, damit es mittig steht.
- Je einen Tropfen beider Blautöne auf ein Deckelchen geben und mit dem feinen Pinsel die Bleistiftumrisse ausmalen.
- Nach einem Tag Aushärten die Dachpfanne rundherum (auch Rückseite) mit zwei Schichten Außenlack schützen.
- Anschließend das Gras mit der Heißklebepistole befestigen.

WILLKOMMEN
Stiffy
FABRIC STIFFENER
EMPOIS POUR TISSU
ENDURECEDOR DE TELA
FolkArt

Entenküken mit Margeriten

Dieses hübsche Fensterbild wurde in Puzzletechnik ausgeführt. Da die Konturen nicht mit Plusterpen übergangen wurden, ist es besonders wichtig, die Teile ganz genau zuzuschneiden.

Das brauchen Sie

Serviette „Kleine Ente“
Schere
Malfolie
Window-Color-Farben in Kristallklar, Weiß und Olivgrün
Lackierpinsel
transparente Adhäsionsfolie, DIN A3
dünner Folienstift
Schmierpapier
Zahnstocher

Anleitung

- Die Ente mit Margeriten und einige Extra-Margeriten grob ausschneiden; die beiden hinteren Papierlagen entfernen.
- Die Malfolie mit klarer Window-Color-Farbe einstreichen und die Motive seitenverkehrt aufkleben; trocknen lassen. Mit weißer Farbe satt überstreichen und gut trocknen lassen.
- Motive abziehen, konturnah ausschneiden (Grasflächen zackig schneiden).
- Die Teile auf der Adhäsionsfolie zusammenpuzzeln. Überlappungen mit dem Folienstift markieren und zurechtschneiden.
- Übergänge mit klarer Window-Color-Farbe dünn überstreichen; trocknen lassen.
- Zusätzliche Grashalme mit Olivgrün malen.
- Das Bild einige Stunden (am besten über Nacht) trocknen lassen.
- Die fertige Komposition konturnah ausschneiden. An sehr kleinteiligen Stellen etwas Folie stehen lassen.

Tipp
Falls Lücken zwischen den Farbflächen und Motiven entstanden sind, können Sie diese mit Window-Color-Farbe in Orange, Weiß, Gelb und Olivgrün auffüllen.

Windlichter

Gerade wenn es wieder wärmer wird, sind diese Windlichter genau das Richtige, um eine gemütliche Atmosphäre auf Balkon und Terrasse zu zaubern.

Das brauchen Sie

Windlicht Beach Ball
Serviette „Beach Ball"
Schere
Leichtmodelliermasse
Nudelholz
Cutter
Klebelack, Pinsel
Glaswindlicht
Strukturpaste
Acrylfarbe in Karamell hell
Außenlack, Lackierpinsel
Deko-Sand, Kerze

Windlicht Gans
Serviette „Gans"
Schere
Leichtmodelliermasse
Nudelholz
Cutter
Klebelack
Pinsel
Glaswindlicht
Außenlack
Lackierpinsel

Anleitung

Windlicht Beach Ball

- Die Motive aus der Serviette ausschneiden: eine Maus, eine Maus spiegelverkehrt, ein Ball, ein Ball spiegelverkehrt, ein Hamster im Sand, ein Hamster spiegelverkehrt, ein Igel, ein Igel spiegelverkehrt. Die oberste bedruckte Schicht lösen.
- Die seitenrichtigen Motive mit Modelliermasse vorbereiten (siehe Seite 12f.).
- Nun die spiegelverkehrt ausgeschnittenen Motive aufkleben. Dafür auf die Rückseite der bereits ausgeschnittenen und modellierten Motive eine Lage Klebelack streichen und die spiegelverkehrt ausgeschnittenen Motive darauf kleben.
- Nach fünf Minuten Trockenzeit die fertigen Motive mit Klebelack auf das Windlicht kleben.
- Nun mit dem Pinsel etwas Strukturpaste auf den unteren Teil des Windlichtes tupfen und mit Karamell hell lackieren.
- Nach ein bis zwei Tagen alles mit Außenlack lackieren. Etwas blauen Deko-Sand in das Windlicht geben und eine Kerze hineinstellen.

Windlicht Gans

- Das Gänsemotiv aus der Serviette zweimal herausreißen, davon einmal spiegelverkehrt. Die obersten bedruckten Schichten lösen.
- Das seitenrichtige Motiv mit Modelliermasse vorbereiten (siehe Seite 12f.).
- Nun wie bei dem Windlicht Beach Ball verfahren, nur diesmal das gesamte Serviettenmotiv mit dem Hintergrund aus der Modelliermasse ausschneiden.
- Anschließend ein einzelnes Gänsemotiv aus einer Serviette ausschneiden. Auf ein ausgerolltes und mit Kleber eingestrichenes Stück Modelliermasse legen und mit dem Cutter ausschneiden. Deckungsgleich auf den Hintergrund kleben.
- Die Rückseite des fertig ausgeschnittenen und modellierten Motivs mit Klebelack einstreichen und auf das Windlicht kleben. Die Ränder gut andrücken, aber nicht zu fest, da der Untergrund noch nicht gehärtet ist.
- Nach ein bis zwei Tagen das Motiv mit Außenlack lackieren.

Praktische Samentütchen

Die kleinen Samentütchen sind unheimlich praktisch. Man sieht auf einen Blick, welche Sämereien man im Herbst gesammelt und in den Tütchen aufbewahrt hat.

Das brauchen Sie

Servietten mit verschiedenen Blumenmotiven
Schere
Pergamenttütchen in Weiß
Klebelack
Pinsel
Backpapier
Bügeleisen

Anleitung

- Die Blumenmotive konturnah ausschneiden und die beiden Papierlagen von der Rückseite abziehen.
- Auf den Pergamenttütchen die Flächen, auf denen die Motive aufgeklebt werden sollen, flächig mit Klebelack einstreichen und trocknen lassen.
- Die Blüten auflegen, mit Backpapier abdecken und mit dem heißen Bügeleisen glatt bügeln; erkalten lassen.
- Zuletzt wird eine Schicht Klebelack über die Motive gestrichen, um die Oberflächen zu schützen.

Tipp
Besonders hübsch sieht es aus, wenn man die Tütchen mit farblich passenden Schleifenbändern verschließt.

Löwenzahn und Pusteblume

Dieses hübsche Fensterbild wurde in Puzzletechnik gefertigt. Der besondere Pfiff sind die Blätter im Vordergrund, die sich dreidimensional vom Bild abheben.

Das brauchen Sie

Servietten „Löwenzahn"
Schere
Malfolie
Window-Color-Farben in Kristallklar und Weiß
Lackierpinsel
transparente Adhäsionsfolie
dünner Folienstift
Plusterpen in Mischgrün

Anleitung

- Sieben Löwenzahnblätter und neun Blüten, Knospen und Samenstände grob ausschneiden; die beiden hinteren Papierlagen entfernen. Die Malfolie mit wenig klarer Window-Color-Farbe einstreichen und die Motive seitenverkehrt aufkleben; trocknen lassen. Mit weißer Farbe satt überstreichen und gut trocknen lassen.
- Motive abziehen, ausschneiden und auf der Adhäsionsfolie zusammenpuzzeln.
- Überlappungen mit dem Folienstift markieren und zurechtschneiden. Teilweise müssen die Blätter auf die Hälfte eingekürzt werden. Wichtig: Nicht alle Teile auf einmal bearbeiten, sondern Stück für Stück, sonst gibt's hinterher ein äußerst schwieriges Puzzle! Die unteren Löwenzahnblätter dreidimensional gewölbt auflegen.
- Übergänge mit Window-Color-Farbe dünn überstreichen. Eventuell auch die Zwischenräume dünn mit Window-Color-Farbe bestreichen, das Fensterbild wird so strapazierfähiger. Trocknen lassen.
- Stängel mit dem Plusterpen aufmalen und das Bild nochmals (am besten über Nacht) trocknen lassen.
- Die fertige Komposition konturnah ausschneiden. An sehr kleinteiligen Stellen etwas Folie stehen lassen.

Tipp
Wenn Sie das Bild lagern, verschicken oder verschenken möchten, sollten Sie aus Resten der Adhäsionsfolie kleine Röllchen formen und unter die gewölbten Blätter schieben.

Es klappert die Mühle

„Es klappert die Mühle am rauschenden Bach, klipp, klapp ...“ Diese Windmühlenmotive klappern zwar nicht, sie sind dafür sehr handlich und geben als Blumenfensterdeko oder Geschenkanhänger ein hübsches Bild ab.

Das brauchen Sie

Geschenkanhänger
Servietten „Windmühle“
Schere
dicke Pappe in Weiß
Klebelack
Pinsel
Schleierkrautgirlande
Seitenschneider
Heißkleber
Organzaband in Flieder, 40 mm breit

Pflanzenstecker
Serviette mit Windmühle
Schere
Klebelack, Pinsel
dicke Pappe in Weiß
Splittstab
loser Sisal in Grün
Myrthendraht
Seitenschneider
Heißkleber
Schleifenband, 40 mm breit
Holzstreuer

Anleitung

Geschenkanhänger

- Das Motiv aus der Serviette schneiden, eine der drei Serviettenlagen abziehen.
- Die Pappe mit Klebelack bepinseln, Serviettenmotiv auflegen und vorsichtig andrücken. Die Oberfläche mit Klebelack betupfen. Das Motiv exakt ausschneiden.
- Die Schleierkrautgirlande mit dem Seitenschneider auf das entsprechende Maß einkürzen und mit Heißkleber ankleben.
- Mit der Schere oben ein Loch in der Pappe bohren. Das Organzaband durchziehen und verknoten. Eine zweite Schleife binden und auf den unteren Rand kleben. Die Schleifenmitte mit einem Girlandenblümchen verzieren.

Pflanzenstecker

- Das Mühlenmotiv grob ausschneiden, eine Papierlage entfernen.
- Den Klebelack auf die Pappe auftragen, das Motiv auflegen, andrücken und die Oberfläche mit Klebelack betupfen.
- Nach dem Trocknen das Motiv exakt ausschneiden.
- Den Splittstab von unten in den Pappenzwischenraum schieben.
- Etwas Sisal auseinander zupfen, in der Mitte mit Myrthendraht abbinden und auf den Stabansatz kleben.
- Eine schöne Schleife binden und auf den Stab kleben. Die Schleifenmitte mit einem Holzstreuer verzieren.

Tipp
Sind auf der Serviette spiegelverkehrte Motive, können Sie die Rückseite des Steckers in gleicher Art bekleben, ansonsten kann sie auch mit Acrylfarbe bemalt werden.

Froschhochzeit am See

Mit Plusterpens werden den Fröschen auf diesem Fensterbild neue Gliedmaßen und Gesichtsausdrücke aufgemalt, die sie ganz individuell machen. Die Vorlagen finden Sie auf den Seiten 127 bis 134.

Das brauchen Sie

Servietten „Frösche"
Schere
Adhäsionsfolie in Weiß und Transparent
Window-Color-Farben in Kristallklar, Rot, Grün, Weiß, Schwarz, Frost, Hellblau, Orange, Grau und Resedagrün
Lackierpinsel
Regenbogenadhäsionsfolie
Schmierpapier
Zahnstocher
Plusterpens in Hellgrün, Gelb, Rot, Weiß, Schwarz, Violett, Grün, Zitronengelb, Fliederblau, Blau, Orange, Rosa und Grau
Glitterpens in Rotgold und Resedagrün

Anleitung

- Frösche ohne Gliedmaßen grob ausschneiden; die beiden hinteren Papierlagen entfernen. Auf die weiße Adhäsionsfolie kleben und trocknen lassen. Mit Kristallklar dünn überstreichen und gut trocknen lassen. Motive konturnah ausschneiden.
- Transparente Adhäsionsfolie auf die Vorlagen legen und die Frösche an die entsprechenden (gestrichelten) Stellen kleben.
- Für die Frösche auf dem Regenbogen: Diesen aus Regenbogenadhäsionsfolie ausschneiden und ebenfalls mit klarer Farbe festkleben.
- Konturen, Arme, Beine usw. werden mit den Plusterpens aufgemalt. Einige Frösche erhalten durch die Pens neue Gesichtszüge. Liebespaare beispielsweise bekommen neue Augen, damit sie sich richtig verliebt ansehen.
- Bei manchen Motiven (z. B. Hochzeitspaar) wurde in Kombinationstechnik gearbeitet.
- Der Frosch im Pilzhäuschen muss so zurechtgeschnitten werden, dass er genau in den Fensterausschnitt passt.
- Mit den Glitterpens werden bei einigen Figuren Glanzlichter auf die trockenen Plusterfarben gesetzt. Beim rauchenden Frosch beispielsweise wird die Zigarettenglut mit Glitterpen in Rotgold gemalt. Trocknen lassen.
- Die Motive konturnah ausschneiden. An sehr kleinteiligen Stellen etwas Folie stehen lassen.

Tipp

Fliegen sind die Lieblingsspeise von Fröschen. Setzen Sie also ein paar der Insekten mit aufs Bild. Für eine Fliege ein Restchen Windradfolie mittig knicken und ein Flügelpaar ausschneiden. Mit einem länglichen Klecks schwarzer Plusterfarbe auf der Adhäsionsfolie befestigen. Flügel mit Window-Color-Farbe in Glittereis anmalen.

Alles für die Katz

Für Katzenliebhaber ist diese Schieferplatte genau das Richtige. Außerdem kann man kleine Mitteilungen darauf schreiben. Die Töpfe sind eine nette Ergänzung dazu.

Das brauchen Sie

Schieferplatte
Bohrmaschine
Steinbohrer, Ø 10 mm
Schieferplatte, 20 x 35 cm
Serviette mit Katzenmotiv
Schere
Acrylfarbe in Weiß
Lackierpinsel
Tuch
Klebelack
Pinsel
Kokoskordel in Dunkelgrün, Ø 8 mm

Töpfe
2 Tontöpfe
Acrylfarbe in Grün
Lackierpinsel
Servietten mit Katzenmotiv
Schere
Klebelack
Pinsel
Mischteller
Girlande Erikamoos
Seitenschneider
Heißkleber

Anleitung

Schieferplatte

- Zwei Löcher in die Schieferplatte bohren.
- Das Motiv aus der Serviette schneiden, eine der drei Serviettenlagen abziehen.
- Den Schiefer in Motivgröße weiß streichen, das Motiv auf die noch feuchte Farbe drücken. Farbe, die über den Motivrand hinausragt, vorsichtig mit dem feuchten Tuch wegwischen.
- Das Motiv gut mit Klebelack betupfen, ebenso die restliche Schieferplatte.
- Die Kokoskordel anknoten.

Töpfe

- Unteren und oberen Topfrand mit grüner Acrylfarbe bemalen.
- Die Katzenmotive an den Rändern gezackt aus den Servietten schneiden und jeweils eine der drei Serviettenlagen abziehen.
- Die Töpfe in Motivgröße mit Klebelack bepinseln, Serviettenmotive auflegen und vorsichtig andrücken. Oberfläche mit Klebelack betupfen.
- Etwas grüne Farbe auf den Teller geben. Mit den Borstenspitzen des Pinsels nur ganz wenig Farbe aufnehmen und vorsichtig auf die Töpfe tupfen.
- Nach dem Trocknen Töpfe komplett mit Klebelack überstreichen.
- Für den kleinen Topf die Girlanden mit dem Seitenschneider auf die richtige Länge kürzen. Mit Heißkleber befestigen.

TOM & LISA

Fensterbaum mit Fröschen

Der prächtige Baum mit den fröhlichen kleinen Froschkönigen ist schnell gebastelt und ein hübscher Schmuck für die Fensterbank.

Das brauchen Sie

Steckmasse, Messer
Tontopf, 12 cm hoch
Fensterbaum
loser Sisal in Grün
Servietten „Frösche"
Schere
Laternenfolie in Weiß
Klebelack, Pinsel
Satinband in Hellgrün und Gelb, 3mm breit
Holzperlen in Grün, Ø 8 und 10 mm
Heißkleber
Gräsergirlande
Efeugirlande
künstliche Ranke
Organzaband in Gelb, 40 mm breit
Myrthendraht in Gold
Seitenschneider
Ziergras

Anleitung

- Steckmasse zurechtschneiden und in den Topf pressen. Fensterbaum hineinstecken und die Steckmasse mit Sisal abdecken.
- 7 Frösche grob ausschneiden, auf die Laternenfolie kleben und trocknen lassen.
- Die Motive ohne Gliedmaßen konturnah ausschneiden. Die Körper unten etwas nach vorne knicken, damit die Frösche sitzen können.
- Jeweils 17 cm für die Arme und 22 cm für die Beine vom grünen Satinband abschneiden.
- Auf jedes Satinbandstück zwei Perlen auffädeln; große Perlen als Füße, kleine als Hände. Die Enden der Bänder verknoten. Satinbändchen von hinten an die Frösche kleben.
- Girlanden um die waagerechten Stäbe des Baums winden und etwas Sisal aufkleben.
- Ranke dekorativ auf dem Baum drapieren und festkleben.
- Frösche unregelmäßig verteilt auf die Äste kleben.
- Aus den Bändern schöne Schleifen binden, mit Myrthendraht fassen und am Baum befestigen.
- Zuletzt das Ziergras in den Topf stecken.

Froschpärchen im Sumpf

Das verliebte Froschpärchen hat es sich auf seinem Seerosenblatt so richtig gemütlich gemacht. Das Motiv für dieses Fensterbild stammt von einer einzelnen Serviette.

Das brauchen Sie

Serviette „Froschpärchen"
Schere
Malfolie
Lackierpinsel
Window-Color-Farben in Kristallklar und Weiß
transparente Adhäsionsfolie, DIN A3
Plusterpens in Hellgrün, Rot, Braun und Zitronengelb

Anleitung

- Das Motiv grob ausschneiden; die beiden hinteren Papierlagen entfernen. Die Malfolie mit wenig klarer Window-Color-Farbe einstreichen und das Motiv seitenverkehrt aufkleben; trocknen lassen. Mit weißer Farbe satt überstreichen und gut trocknen lassen.
- Motiv abziehen, konturnah ausschneiden: unten wellenförmig, auf der linken Seite einen „fließenden" Abschluss zuschneiden. Das Bild auf die transparente Adhäsionsfolie auflegen.
- Mit Plusterfarben die vorderen Rohrkolben, Blätter, Seerosen und einen Teil der gelben Blumen nachmalen. An passenden Stellen gelbe Blümchen zufügen.
- Das Bild einige Stunden (am besten über Nacht) trocknen lassen.
- Das fertige Motiv konturnah ausschneiden. An sehr kleinteiligen Stellen etwas Folie stehen lassen.

Tipp
Sie können das Bild auch mehrfach fertigen und als Bordüre beispielsweise an den Fließen im Badezimmer aufkleben. Wenn Sie solch eine Bordüre fertigen, müssen die Nahtstellen gleich hoch sein, am besten zeichnen Sie die Höhe vor dem Zuschneiden der Motive mit einem dünnen Folienstift an.

Blaue Anemonen

Die blauen Anemonen sehen nicht nur gut auf Blumentöpfen aus, sondern sind als Schmuck auf verschieden großen Terrakottakugeln für den Garten eine echte Zierde.

Das brauchen Sie

Gartenkugeln
große und kleine Terrakottakugel
Acrylfarbe in Cremeweiß
Lackierpinsel
Serviette mit Anemonen
Schere
Klebelack
Pinsel

Anemonentopf
Acrylfarben in Weiß und Blau
Mischteller
Lackierpinsel
Tontopf
Serviette mit Anemonen
Schere
Klebelack
Pinsel

Anleitung

Gartenkugeln

- Die Kugeln mit Acrylfarbe streichen, anschließend den Pinsel gründlich auswaschen.
- Einzelne Blüten aus der Serviette schneiden, jeweils eine der drei Serviettenlagen abziehen.
- Die Kugeln auf einer Seite mit Klebelack bepinseln, die Serviettenblüten auflegen und vorsichtig andrücken. Die Oberfläche gründlich mit Klebelack betupfen.
- Nach dem Trocknen die Kugeln auf die dekorierte Seite legen und die restliche Oberfläche bekleben.
- Kugeln abschließend mit Klebelack versiegeln.

Tipp

Falls Sie die Kugeln in den Garten oder auf die Terrasse legen, sollten Sie sie mit Außenlack versiegeln. Sicher ist sicher!

Anemonentopf

- Etwa einen Teelöffel weiße und zwei Messerspitzen blaue Acrylfarbe nebeneinander auf den Mischteller geben. Mit einem breiten Pinsel von beiden Farben gleichzeitig ein wenig aufnehmen und auf den Topf auftragen, ohne die Farben dabei zu vermischen.
- Das Motiv aus der Serviette schneiden, eine der drei Serviettenlagen abziehen.
- Den Topf in Motivgröße mit Klebelack bepinseln, den Serviettenteil auflegen und vorsichtig andrücken. Die Oberfläche gründlich mit Klebelack betupfen.
- Nach dem Trocknen den Topf mit Klebelack überstreichen.

Prächtige Blumensträuße

Die wunderschönen Fensterbilder auf dieser Seite wurden in Kombinationstechnik gefertigt. Die Vorlagen für die Vasen finden Sie auf der Seite 135.

Das brauchen Sie

Servietten „Tulpen", „Rittersporn" und „Lilien"
Schere, Malfolie, Lackierpinsel
Window-Color-Farben in Kristallklar, Weiß, Tannengrün, Mischgrün 2 und 5, Bordeauxrot, Rubinrot, Azurblau, Pariserblau, Sonnengelb und Zitronengelb
transparente Adhäsionsfolie, DIN A3
Schmierpapier, Zahnstocher

Anleitung

Tulpenvase

- Motive grob ausschneiden; die beiden hinteren Papierlagen entfernen. Malfolie mit wenig klarer Window-Color-Farbe einstreichen und die Motiv seitenverkehrt auf Malfolie kleben; trocknen lassen. Mit weißer Farbe satt überstreichen und gut trocknen lassen.
- Motive abziehen, konturnah ausschneiden. Transparente Adhäsionsfolie auf die Vorlage legen, Blumen arrangieren und festkleben.
- Vase und Blätter mit Window-Color-Farben aufmalen. Bei den Blättern wird die linke Seite in hellem Mischgrün 2 und der Rest in Mischgrün 5 gemalt. Mit dem Zahnstocher die Übergänge kreisend vermalen. Der Übergang zur Vase wird in Tannengrün ausgemalt.
- Die Ränder der Vase in Bordeauxrot malen, den Innenteil in Rot. Auf der linken Seite einen dünnen Streifen in Weiß, rechts in Bordeauxrot ziehen. Mit dem Zahnstocher die Übergänge verwischen.
- Das Bild einige Stunden (am besten über Nacht) trocknen lassen.
- Die fertige Komposition konturnah ausschneiden. An sehr kleinteiligen Stellen etwas Folie stehen lassen.

Ritterspornvase

- Das Motiv wird aus zwei Teilen zusammengesetzt. Blüten wie bei den Tulpen vorbereiten.
- Rittersporn mit wenig klarer Farbe auf Adhäsionsfolie kleben und konturnah ausschneiden. An sehr kleinteiligen Stellen etwas Folie stehen lassen.
- Eine Einzelblüte präzise ausschneiden und auf ein zweites Stück Adhäsionsfolie kleben.
- Ausgehend von dieser Blüte die Vase malen. Der linke Rand wird in Azurblau, die Mitte in Weiß und die rechte Seite in Pariserblau ausgeführt. Die Übergänge kreisend vermalen.
- Vase exakt ausschneiden. An sehr kleinteiligen Stellen (Blüte) etwas Folie stehen lassen.

Lilienvase

- Das Bild wird wie die Ritterspornvase in zwei Teilen gefertigt. Die Vase an den Seiten und unten in breiten sonnengelben Flächen malen (links etwas breiter). Die Mitte mit Zitronengelb füllen und auf der rechten Seite einen weißen Streifen malen. Die Übergänge kreisend vermalen. Trocknen lassen.
- Nach dem Trocknen das Fensterbild exakt ausschneiden.

Bitte nicht vergessen!

Mit dieser Memotafel werden Sie nie wieder etwas vergessen. Denn sie lädt zum Schreiben ein. Den Eingang zur Küche ziert das selbst gestaltete Küchenschild.

Das brauchen Sie

Memotafel
MdF-Flügelwand
Acrylfarben in Lorbeer und Efeugrün
Lackierpinsel
Buchstabenschablone
Tafelfolie
Schere
Klebelack
Pinsel
Servietten „Koch"
Bügeleisen
Backpapier
Papier in Weiß
Abstandsband
Scharniere und Riegel
Außenlack

Küchenschild
ovale MdF-Platte
Acrylfarben in Hellgelb und Lorbeer
Lackierpinsel
Krakelierlack
Schwämmchen
Servietten „Kräuterregal"
Schere
Klebelack
Pinsel
Papier in Weiß
Bügeleisen
Backpapier
Abstandsband
Buchstabenschablone
Außenlack

Anleitung

Memotafel

- Die Flügelwand lorbeerfarben lackieren und in die feuchte Farbe etwas Efeugrün mischen.
- Nach dem Trocknen das Wort „Menü" in Efeugrün darauf schreiben.
- Die Tafelfolie auf die Innenseite der Flügelwand kleben.
- Die vorderen äußeren Seiten der Flügelwand mit dem Klebelack einstreichen und etwa 20 Minuten trocknen lassen.
- Motive einmal aus den Servietten ausschneiden und auf die Flügelwand bügeln, fünfmal auf weißes Papier bügeln.
- Motive ausschneiden (siehe Vorlage Seite 136) mit Abstandsband aufeinander kleben.
- Die Flügelwand zusammensetzen, seitlich die Scharniere, oben einen Riegel anbringen.
- Zum Schluss mit Außenlack lackieren.

Küchenschild

- Die Platte hellgelb grundieren und nach dem Trocknen eine dicke Schicht Krakelierlack auftragen. 24 Stunden trocknen lassen.
- Auf den Schwamm etwas Lorbeerfarbe geben und vorsichtig auf die getrocknete Platte tupfen. Darauf achten, dass keine Stelle zweimal getupft wird, wenig Farbe verwenden. Nochmals 24 Stunden aushärten lassen.
- Die Motive aus der Serviette ausschneiden, die oberste bedruckte Schicht lösen und die Motive einmal auf die Platte und dreimal auf das Papier bügeln. Ausschneiden (Reihenfolge siehe Vorlage Seite 137) und mit Abstandsband auf die Platte kleben.
- Mit der Buchstabenschablone das Wort „Küche" in Hellgelb auf die Platte schreiben.
- Zum Schluss mit Außenlack lackieren.

KÜCHE
PEPPER CORNS
SUGAR
SALT
GARLIC
CURRY

Dekoratives zur Aufbewahrung

Tontöpfe gibt es in vielen Formen und Größen. Diese hier müssen nicht grundiert werden und passen gut zu einem ländlichen Einrichtungsstil. Das Wandregal nimmt Flaschen oder Gewürzgläser auf.

Das brauchen Sie

Kleines Wandregal
Serviette mit Borte „Landschaft"
Schere
Hängekasten aus MdF
Acrylfarben in Lorbeergrün und Olivgrün
Lackierpinsel
Klebelack, Pinsel
Bügeleisen, Backpapier
alte Nagelfeile, Kreppband
matter Außenlack

Hängetopf
Klebelack, Pinsel
Hängetopf aus offenporigem Ton
Serviette mit kleinem Landschaftsmotiv

Vase
unglasierte Tonvase
Klebelack
Pinsel
Serviette „Bäume und Gärten"
Schere
Bügeleisen
Backpapier
Bast in Naturfarben

Anleitung

Kleines Wandregal

- Die Borte der Serviette etwas länger als benötigt abschneiden, damit man zu beiden Seiten etwas Spielraum hat.
- Das Hängekästchen bis auf die Rückseite lorbeergrün streichen, die Farbe auch sorgfältig in die Rillen und Kanten einarbeiten.
- Klebelack auftragen und das Motiv aufbügeln. Überstehende Serviettenreste mit einer alten Nagelfeile abfeilen. Eine zweite Klebelackschicht auftragen.
- Die Kante olivgrün streichen. Als Hilfe Kreppband anbringen. Zum Schluss das gesamte Kästchen mit Außenlack streichen.

Hängetopf

- Klebelack auf den Topf streichen und antrocknen lassen.
- Das Serviettenmotiv ausreißen und mit den Fingern in den angetrockneten Klebelack drücken. Dann zu den Rändern glatt streichen. Zweite Klebelackschicht auftragen und trocknen lassen.

Vase

- Die Vase rundherum mit mattem Klebelack einstreichen.
- Serviettenmotive ausschneiden oder ausreißen und aufbügeln.
- Zweite Klebelackschicht aufbringen. Zum Schluss Bast um den Vasenhals binden.

Tipp
Wenn die Gefäße wasserdicht sein sollen, verwenden Sie nur Vasen und Töpfe, die innen glasiert sind!

Rote Katze

Lässig streift die Katze durch das hohe Sommergras. Mal sehen, was es heute noch zu fressen gibt. Dieses stimmungsvolle Fensterbild wurde in Kombinationstechnik gefertigt.

Das brauchen Sie

Serviette „Katze"
Malfolie
Window-Color-Farben in Kristallklar, Weiß, Tannengrün sowie Mischgrün 1 und 5
Lackierpinsel
Schere
transparente Adhäsionsfolie, DIN A3
Schmierpapier
Zahnstocher

Anleitung

- Die beiden hinteren Papierlagen der Serviette entfernen. Die Malfolie mit wenig klarer Window-Color-Farbe einstreichen und das Motiv seitenverkehrt aufkleben; trocknen lassen. Mit weißer Farbe satt überstreichen und gut trocknen lassen.
- Motiv abziehen. Unterseite und Seiten zackig, Oberseite geschwungen, Katzenschwanz konturnah ausschneiden. Das Bild auf die transparente Adhäsionsfolie kleben.
- Rund um die Komposition mit Window-Color-Farben Schafgarbe, Grashalme (Spitzen mit dem Zahnstocher fein ausziehen) und Blüten aufmalen. In die Blütenblätter mit der Zahnstocherspitze Tannengrün einziehen.
- Das Bild einige Stunden (am besten über Nacht) trocknen lassen.
- Komposition konturnah ausschneiden. An sehr kleinteiligen Stellen etwas Folie stehen lassen.

Köstliche Früchtchen

Zu allen Jahreszeiten finden Sie fruchtige Serviettenmotive ganz nach Ihrem Geschmack. Zum Anbeißen sind diese sommerlichen Erdbeeren und Kirschen, die auf den hell gestalteten Töpfen besonders schön leuchten.

Das brauchen Sie

Erdbeerzeit
Tontopf, Ø 24–28 cm
passender Unterteller
Acrylfarben in Lorbeergrün, Hellgelb, Tannengrün und Weiß
Lackierpinsel
Schwämmchen
Küchenkrepp
Klebelack, Pinsel
Serviette „Erdbeeren"
Schere
Bügeleisen
Backpapier
evtl. Außenlack
Holzstreuteil
Klebstoff

Gut Kirschen essen
Tontopf, Ø ca. 24 cm
Acrylfarbe in Buttercreme
Lackierpinsel
Klebelack
Pinsel
Serviette „Kirschen"
Bügeleisen
Backpapier
evtl. Außenlack

Anleitung

Erdbeerzeit

- Topf und Unterteller in Lorbeergrün grundieren. Trocknen lassen.
- Der Untergrund wirkt lebhafter, wenn man ihn zusätzlich andersfarbig wischt. Dazu etwas Farbe auf ein feuchtes Schwämmchen geben. Auf einem Stück Küchenkrepp abtupfen. Farbe mit leichten Strichen über die Grundierung wischen. Kurz trocknen lassen, dann die zweite, zuletzt die dritte Farbe auftragen.
- Topf rundherum mit Klebelack bestreichen. Das Früchtemotiv ausschneiden oder ausreißen und sorgfältig aufbügeln.
- Eine zweite Schicht Klebelack im Motivbereich auftragen.
- Eventuell Topf und Untersetzer innen und außen mit einer Schicht Außenlack schützen und das Holzstreuteil aufkleben.

Gut Kirschen essen

- Acrylfarbe auf den Topf auftragen und trocknen lassen.
- Klebelack rundherum auftragen. Das Kirschmotiv vorsichtig ausreißen und aufbügeln.
- Mit einer zweiten Klebelackschicht abdecken. Eventuell mit Außenlack schützen.

Lustige Hundeparty

Diese Festdekoration ist etwas für echte Hundeliebhaber. Die Motive werden in Serviettentechnik und in Window-Color-Serviettentechnik auf die Objekte aufgebracht.

Das brauchen Sie

Hundeaufsteller
stabile Pappe, Schere
Bastelfarben in Zitronengelb und Rot
Lackierpinsel
Plusterpens in Schwarz, Zitronengelb und Hellgrün
Wackelauge, 15 x 10 mm
Heißkleber

Laterne
Serviette „Hunde"
Schere
Klebelack, Pinsel
4 Laternenfolien in Weiß, 9 x 11,5 cm
Stecklaterne in Gelb
Plusterpens in Zitronengelb und Rot
Klebstoff

Tisch- und Einladungskarten
Serviette „Hunde"
Schere
Klebelack, Pinsel
Briefkarten in Weiß, DIN A6
Plusterpens in Zitronengelb, Blau und Rot

Gläseraufkleber
Serviette „Hunde"
Schere, Lackierpinsel
Window-Color-Farbe in Kristallklar
weiße Adhäsionsfolie
Plusterpens in Zitronengelb, Hellgrün, Weiß, Schwarz, Fliederblau, Rosa und Rot

Anleitung

Hundeaufsteller
- Vorlagen (Seiten 138 und 139) auf Pappe übertragen und ausschneiden.
- Den Hund mit Bastelfarben bemalen. Danach mit schwarzer Plusterfarbe konturieren und eine dicke Nase malen. Das Fell gelb aufstricheln, das Halstuch Grün punkten.
- Hund im Backofen bei 130 °C backen, bis die Farbe aufplustert.
- Zum Schluss das Auge aufkleben und den Ständer auf der Rückseite befestigen.

Laterne
- Serviettenmotive auf die Laternenfolien kleben; trocknen lassen.
- Bilder in die Laterne kleben und wie diese mit Plusterfarben verzieren
- Laterne zusammenstecken und verkleben.

Tisch- und Einladungskarten
- Motive ausschneiden und auf die Karten kleben; Tischkarte vorher knicken.
- Karten mit Plusterpens verzieren.

Tipp
Die Einladungskarten müssen zum Verschicken mit Folie abgedeckt werden, damit sie nicht am Kuvert festkleben.

Gläseraufkleber
- Motive ausschneiden und auf die Adhäsionsfolie kleben; trocknen lassen. Mit klarer Farbe überstreichen.
- Motive mit Plusterpens verzieren und trocknen lassen.
- Die Bildchen ausschneiden und auf die Trinkgläser drücken.

PAUL
ANNE
Liebe ↑, kommst
Du zu meiner Party
am Samstag 15=Uhr?
Bring' Gummistiefel
mit!
Lara

Krakelierte Gefäße

Die Krakeliertechnik gibt auch brandneuen Objekten eine antike Optik. Die Technik erfordert etwas Übung und Erfahrung, deshalb sollten Sie zunächst die einzelnen Arbeitsschritte an einem kleinen Objekt ausprobieren.

Das brauchen Sie

Krakelierlack
Lackierpinsel
Pappdose
Acryllack in Weiß
dicker Pinsel
Servietten mit Blumenmotiven
Schere
Klebelack
Pinsel
Vase aus offenporigem Ton

Anleitung

Dose

- Den Krakelierlack in einer dicken Schicht auf die Dose auftragen. Je dicker die Schicht, desto stärker werden die Risse. Gut trocknen lassen.
- Weiße Acrylfarbe mit einem dicken Pinsel auftragen. Wichtig: Nie zweimal über die gleiche Stelle streichen! Die Risse in der weißen Farbe sind sofort erkennbar. Mindestens einen Tag aushärten lassen.
- Blumenmotive ausschneiden und die beiden hinteren Papierlagen entfernen.
- Klebelack auftragen und die Motive aufdrücken. Sind sie hell, scheinen die Risse durch die Bilder hindurch, was einen zusätzlichen, reizvollen Effekt ergibt.
- Eine zweite Schicht Klebelack aufbringen.

Tipp
Besonders dekorativ wirkt es, wenn Sie für den Dosendeckel eine große, geöffnete Blüte und für den Dosenrand Blüten in Seitenansicht verwenden. Mit ein bisschen Glück finden Sie eine entsprechende Serviette.

Vase

- Die Vase entweder unbehandelt lassen oder passend zur Dose grundieren.
- Krakelierlack auftragen, wie bei der Dose (siehe oben) beschrieben.
- Vase rundum mit Klebelack einstreichen und die ausgeschnittenen oder ausgerissenen Blüten darauf fixieren. Reizvoll ist es, die Blüten in unterschiedlicher Höhe auf der Vase zu platzieren.
- Zum Schluss auch hier eine zweite Schicht Klebelack aufbringen.

Wichtig: Innen und außen unglasierte Vasen sind nicht wasserdicht. Setzen Sie deshalb ein Glas hinein, wenn Sie einen frischen Strauß arrangieren möchten.

Tipp
Wenn Sie den Untergrund vor dem Auftrag des Krakelierlacks farbig grundieren, entstehen reizvolle Farbeffekte. Sehr edel wirkt beispielsweise eine Kombination aus Gold unter dem Krakelierlack und einer Schicht Weiß darüber.

Freche Bienchen

Die Bienchen sind in Kombinationstechnik gemalt. Wählen Sie Ihre Favoriten und kleben Sie mit ihnen Bilder, Bordüren und Fensterumrandungen.

Das brauchen Sie

Servietten „Bienchen"
Schere
Malfolie
Lackierpinsel
Window-Color-Farben in Kristallklar, Weiß, Glittereis und Resedagrün
transparente Adhäsionsfolie
Plusterpens in Schwarz, Fliederblau und Hellgrün

Anleitung

- Blüten und Bienen (ohne Stängel und Gliedmaßen) grob ausschneiden (bei einigen Bienen – eventuell bei allen – auch die Flügel wegschneiden); die beiden hinteren Papierlagen entfernen. Die Malfolie mit wenig klarer Window-Color-Farbe einstreichen und die Motive seitenverkehrt aufkleben; trocknen lassen. Mit weißer Farbe satt überstreichen und gut trocknen lassen.
- Motive abziehen, konturnah ausschneiden und auf die transparente Adhäsionsfolie kleben.
- Bei den Bienen Arme, Beine und Fühler mit schwarzem Plusterpen malen. Bei den Bienen ohne Flügel diese mit fliederblauem Plusterpen aufmalen, nach dem Trocknen mit Window-Color-Farbe Glittereis ausmalen.
- An die Blüten mit hellgrünem Plusterpen Stängel und Blattkonturen malen. Alles trocknen lassen.
- Blätter mit Resedagrün ausmalen.
- Die fertigen Motive konturnah ausschneiden. An sehr kleinteiligen Stellen zur Stabilisierung etwas Folie stehen lassen.

Tipp
Lassen Sie sich zu eigenen Kreationen inspirieren! Die Bienchen können tanzen, auf einem Bein stehen, einen Kopfsprung machen, sich an irgendetwas festhalten und vieles mehr.

Lecker gefüllte Flaschen

Bestimmt finden Sie in Ihrem Bestand hübsche Flaschen, die sich mit einem passenden Serviettenmotiv verschönern lassen. Je nach Motiv passt Öl, Essig oder ein fruchtiger, selbst angesetzter Likör hinein.

Das brauchen Sie

Gewürzflasche

runde Flasche
Klebelack
Pinsel
Serviette mit passendem Motiv, hier Zucchini und Tomate
Schere
Schwämmchen
Acrylfarben in Mittelgrün und Dunkelgrün
Küchenkrepp
Außenlack
Lackierpinsel

Flasche mit Kirschen

eckige Flasche
Schwämmchen
Acrylfarbe in Buttercreme
Serviette mit Kirschen
Schere
Klebelack
Pinsel
Außenlack
Lackierpinsel

Anleitung

Gewürzflasche

- Flasche von alten Etiketten befreien, reinigen und sorgfältig trocknen.
- Tragen Sie rundherum eine Schicht Klebelack auf. Antrocknen lassen.
- Motive ausschneiden oder ausreißen und auf einer Seite oder beidseitig auf den Klebelack drücken. Zu den Rändern hin glatt streichen. Eine zweite Klebelackschicht auftragen.
- Ein Schwämmchen wird in zwei verschiedene Grüntöne getaucht und auf einem Küchenkrepp ausgedrückt. Farbe um das Motiv herum auf die Flasche tupfen.
- Farbe und Motiv mit Außenlack schützen.

Flasche mit Kirschen

- Flasche von alten Etiketten befreien, reinigen und sorgfältig trocknen.
- Mit dem Schwämmchen etwas Acrylfarbe aufnehmen und eine Seite der Flasche damit grundieren. Trocknen lassen.
- Passendes Motiv aus der Serviette schneiden oder reißen.
- Klebelack auf die grundierte Fläche streichen und das Motiv andrücken. Mit einer zweiten Klebelackschicht fixieren und mit Außenlack schützen.

TOMATOES
WAYNE COUNTY PRESERVING CO.

Prächtige Sonnenblumen

Die Sonnenblumen auf dieser Seite wurden in Kombinationstechnik gearbeitet. Der große Strauß ist ein schöner Schmuck für ein schmales und hohes Fenster. Die kleinen Sonnenblumen sind hübsche Rand- und Eckmotive.

Das brauchen Sie

Servietten mit Sonnenblumenmotiven
Schere
Malfolie
Lackierpinsel
Window-Color-Farben in Kristallklar, Weiß, Mischgrün 1, 2 und 5 sowie Mischgelb
transparente Adhäsionsfolie, DIN A3
Plusterpens in Mischgrün, Braun, Gelb und Orange
Schmierpapier
Zahnstocher

Anleitung

Sonnenblumenstrauß

- Die Blüten (und einige zusätzliche für Ergänzungen) grob ausschneiden.
- Die beiden hinteren Papierlagen entfernen. Die Malfolie mit wenig klarer Window-Color-Farbe einstreichen und die Motive seitenverkehrt aufkleben; trocknen lassen. Mit weißer Farbe überstreichen und trocknen lassen.
- Motive abziehen, konturnah ausschneiden. Transparente Adhäsionsfolie auf die Malvorlagen von Seite 140 und 141 legen, Sonnenblumen auflegen. Angeschnittene Blüten durch Blütenblätter überzähliger Sonnenblumen ergänzen und mit einem Hauch Window-Color-Farbe anfügen.
- Konturen mit den Plusterpens malen, Staubgefäße braun tupfen. Bei den Blüten darauf achten, dass das Orange nur an den dunkleren Blütenteilen aufgetragen wird. Da das Motiv aus zwei Teilen besteht, an den Stängeln die Konturlinien an der Anschlussstelle etwa 1 cm länger ziehen. (Bei der Fertigstellung wird dieser Überstand dann wieder zurückgeschnitten.) Das Bild trocknen lassen.
- Mit Window-Color-Farbe Blätter und Stiele in den verschiedenen Grüntönen füllen. Grün 5 nur sehr sparsam an den Blattrippen, Blatträndern und Konturlinien der Stängel einsetzen. Farbe mit dem Zahnstocher in die Spitzen ziehen. Dabei möglichst keine gelben und orangefarbenen Linien übermalen!
- Sonnenblumen einige Stunden (am besten über Nacht) trocknen lassen.
- Das Bild konturnah ausschneiden. An kleinteiligen Stellen etwas Folie stehen lassen.

Kleine Sonnenblumen

- Serviettenblüten vorbereiten und gemäß den Vorlagen von Seite 142 und 143 auf der Adhäsionsfolie anordnen.
- Motive mit den Plusterpens konturieren, Staubgefäße mit brauner Plusterfarbe auftupfen. Das Bild dann trocknen lassen.
- Blätter wie bei dem Sonnenblumenstrauß mit Window-Color-Farbe füllen. Trocknen lassen.
- Sonnenblumen konturnah ausschneiden. An sehr kleinteiligen Stellen zur Stabilisierung etwas Folie stehen lassen.

Freundliche Seebären

Die Serviettentechnik lässt sich, wie hier zu sehen, gut auf Zinkuntergründen anwenden. Für Milchkanne und Topf finden Sie bestimmt noch ein passendes Eckchen.

Das brauchen Sie

Milchkanne
Milchkanne, Tuch
Acrylfarben in Hellblau, Weiß und Sand
Lackierpinsel
Klebelack
Pinsel
Servietten „Bär mit Leuchtturm"
Schere
Bügeleisen
Backpapier
Reliefpaste
Borstenpinsel

Seebärentopf
Acrylfarben in Mittelblau, Weiß und Sand oder Champagner
Lackierpinsel
Tontopf, Ø ca. 15 cm
Klebelack
Pinsel
Serviette „Seebär"
Schere
Bügeleisen
Backpapier
Schwämmchen
Reliefpaste
Borstenpinsel

Anleitung

Milchkanne

- Den Henkel der Milchkanne entfernen und die Kanne mit einem feuchten Tuch abreiben.
- Kanne bis auf das untere Viertel hellblau grundieren. Farbe trocknen lassen.
- Klebelack gleichmäßig auftragen.
- Nur das Meer aus der Serviette herausschneiden und rundherum mittig aufbügeln. Die zweite Schicht Klebelack auftragen.
- Unterhalb des Meeres die Reliefpaste mit dem Borstenpinsel kreisend aufbringen und nach dem Trocknen sandfarben übermalen.
- Klebelack auf den „Sand" auftragen.
- Bär und Leuchtturm ausschneiden und aufbügeln. Motive mit einer zweiten Schicht Klebelack fixieren. Zum Schluss den Henkel wieder anbringen.

Seebärentopf

- Weiß und Blau zu einem sehr hellen Blau mischen und den Topf damit bestreichen.
- Den grundierten Topf vollständig mit einer Klebelackschicht bestreichen. Gewünschtes Motiv ausschneiden oder ausreißen, auf den Topf bügeln und mit Lack versiegeln.
- Am oberen Rand eine Borte aufbügeln. Mit einer Klebelackschicht abschließen.
- Mit einem Schwamm um den Bären herum einen Hauch blauer Farbe auftragen. Dabei den Schwamm gleichmäßig vom Bären weg nach außen führen.
- Am unteren Rand mit dem Borstenpinsel eine Schicht Reliefpaste auftragen, sodass der Bär im Sand sitzt. Reliefpaste in Sand oder Champagner anmalen.

Alles tierisch in Ordnung

Ordnung ist das halbe Leben. So heißt es im Volksmund. Und warum sollte man seine Ordnung nicht etwas tierischer gestalten?

Das brauchen Sie

Acrylfarben in Karamell hell, Muskat, Dunkelgrün, Grasgrün
Lackierpinsel
Zeitungssammler aus Holz
Servietten „Giraffe", „Elefant" und „Zebra"
Schere
Leichtmodelliermasse
Nudelholz
Cutter
Klebelack
Pinsel
Außenlack
Holztopf
Strukturpaste
Borstenpinsel
Stiftekiste aus Pappmaché

Anleitung

Zeitungssammler Giraffe

- Die Farben Karamell hell und Muskat mischen, den Zeitungssammler damit grundieren und gut trocknen lassen.
- Das Giraffenmotiv einmal komplett und zweimal nur das Giraffenkind aus der Serviette schneiden, die oberste bedruckte Schicht lösen. Motive mit Modelliermasse vorbereiten (siehe Seite 11f.).
- Die ausgeschnittenen Motive mit Klebelack auf den Zeitungssammler bringen.
- Das Geäst der Büsche in Muskat malen, die Blätter mit einem dünnen Pinsel auftupfen (erst Dunkelgrün, dann Grasgrün).
- Nach ein bis zwei Tagen den Zeitungssammler mit Außenlack lackieren.

Holztopf Elefant

- Den Holztopf wie den Zeitungssammler vorbehandeln und das Elefantenmotiv vorbereiten. Das Ohr des großen Elefanten zweimal ausschneiden, davon einmal spiegelverkehrt. Als Vorder- und Rückseite auf Modelliermasse kleben und ausschneiden. Das Elefantenjunge ebenfalls extra vorbereiten.
- Die Motive mit Klebelack ankleben; das Ohr sollte abstehen.
- Den Holztopf wie den Zeitungssammler mit Blättern bemalen, nach einem Tag mit Außenlack lackieren.

Stiftekiste Zebras

- Mit einem Borstenpinsel die Strukturpaste auf den Deckel, das Vorderteil und die Seitenteile der Pappmachékiste tupfen. Die Rückseite und den Boden in Karamell hell grundieren. Völlig trocknen lassen.
- Anschließend die Kiste mit einem Gemisch aus Karamell hell und Muskat lackieren.
- Das hintere Zebramotiv zweimal komplett und zweimal nur die Köpfe ausschneiden, die oberste bedruckte Schicht lösen und verfahren wie bei Zeitungssammler und Holztopf.
- Die Zebramotive mit Klebelack auf die Kiste kleben, die einzelnen Köpfe werden obenauf geklebt. Die Ränder gut andrücken.
- Aus der Zebrabordüre acht Zebras ausschneiden und mit Klebelack auf die Vorderseite und die Seitenteile kleben.
- Nach einem Tag mit Außenlack lackieren.

EXTRA
Große Marskarte
FEBRUAR 2001
NATION
GEOGRA

Eine Seefahrt, die ist lustig

Diese in Kombinationstechnik gefertigten Fensterbilder mit den amüsanten Seeräubermotiven sind genau der richtige Schmuck fürs Badezimmerfenster.

Das brauchen Sie

Servietten „Seeräuber",
„Schiffe" und „Leuchtturm"
Schere
Malfolie
Lackierpinsel
Window-Color-Farben in Kristallklar, Weiß, Blau, Arktisblau, Bernstein, Rot, Hellbraun, Gold, Gelb und Goldkontur
transparente Adhäsionsfolie
Schmierpapier
Zahnstocher
Sand
kleine Muscheln und Schnecken
Plusterpens in Hellblau, Blau, Braun, Weiß, Fliederblau, Rot, Rosa, Schwarz, Zitronengelb und Gelb
Glitzersteine

Anleitung

Großes Seeräuberbild

- Seeräuber, Schiffe, Möwe und den Leuchtturm grob ausschneiden; die beiden hinteren Papierlagen entfernen. Die Malfolie mit klarer Window-Color-Farbe einstreichen und die Motive seitenverkehrt auf Malfolie kleben; trocknen lassen. Mit weißer Farbe überstreichen und gut trocknen lassen.
- Motive abziehen und konturnah ausschneiden. Die Adhäsionsfolie auf die Vorlage (Seite 144) legen und die Motive aufkleben.
- Himmel, Meer und Wolken ohne Kontur in Blau, Arktisblau und Weiß aufmalen. Den Pfeifenrauch vor dem Himmel in Weiß malen und dann mit dem Zahnstocher blaue Schlieren hineinziehen; trocknen lassen.
- Leuchtturminsel und Strand in Bernstein malen und mit Sand bestreuen. Muscheln und Schnecken auflegen. Nochmals trocknen lassen.
- Das Bild mit Plusterpens konturieren. Nach dem Trocknen ausschneiden. An kleinteiligen Stellen etwas Folie stehen lassen.

Schiffbrüchige Seeräuber

- Piraten wie beim großen Bild vorbereiten.
- Motive abziehen, konturnah ausschneiden; Oberkörper in Bauchhöhe rund zuschneiden. Unterkörper des Kapitäns gegengleich schneiden. Ein Bein des Matrosen abschneiden.
- Adhäsionsfolie auf die Vorlagen (Seite 145 und 146) legen und die Motive auf die entsprechenden Stellen kleben; eventuell etwas nachschneiden.
- Rettungsringe, Pfeifenrauch Haifisch, Wellen Schatzkiste und Balken mit Window-Color-Farben malen. Bei der Schatzkiste Glitzersteine mit Goldkontur aufkleben. Über Nacht trocknen lassen.
- Konturen und Details mit den Plusterpens aufmalen.
- Nach dem Trocknen konturnah ausschneiden. An sehr kleinteiligen Stellen etwas Folie stehen lassen.

Am Strand

Tabletts gibt es in vielen Formen und Größen. Möchten Sie eine ganze Serviette aufbringen, entscheiden Sie sich für ein größeres. Ein farblich passender Pflanztopf macht die Sommerdekoration perfekt.

Das brauchen Sie

Tablett
Serviette mit „Strandmotiv"
Tablett
Klebelack
Pinsel
Bügeleisen
Backpapier
Reliefpaste
Borstenpinsel
Acrylfarbe in Sand
Lackierpinsel
Außenlack

Topf
Tontopf, Ø ca. 15 cm
Acrylfarbe in Sand
Lackierpinsel
Klebelack
Pinsel
Serviette „Skipper"
Bügeleisen
Backpapier
Außenlack
Muscheln
Heißklebepistole

Anleitung

Tablett

- Serviette auf das Tablett legen und auf das passende Maß zuschneiden.
- Eine Schicht Klebelack auf die Innenfläche des Tabletts auftragen und nach kurzem Antrocknen die Serviette hineindrücken. Vorsichtig mit den Fingern zu den Kanten hin glatt streichen.
- Nach dem Trocknen wird das Motiv gebügelt und mit einer zweiten Klebelackschicht geschützt.
- Kleine Mengen Reliefpaste um die Serviette herum mit kreisenden Bewegungen auftragen. Trocknen lassen.
- Bis auf das Motiv wird das Tablett in zwei Arbeitsschritten vollständig sandfarben gestrichen. Nach dem Trocknen mindestens zwei Lagen Außenlack auftragen.

Tipp
Wenn es das Motiv zulässt, können Sie die vollständige Serviette verwenden oder den Rand Zentimeter für Zentimeter gleichmäßig rundherum abreißen. Das Reißen sieht bei manchen Bildern besser aus, weil der Übergang sehr viel weicher wirkt.

Topf

- Den Tontopf sandfarben grundieren.
- Topf vollständig mit Klebelack einstreichen und die ausgerissenen Serviettenmotive in der Bügeltechnik darauf fixieren. Zunächst mit einer zweiten Klebelackschicht, dann mit Außenlack versiegeln.
- Nach dem Trocknen des Außenlacks die Muscheln mit der Heißklebepistole auf den Topfrand kleben.

Schlüssel – ahoi

Nicht nur im Leuchtturm selbst ist ein Schlüsselkasten von Vorteil, auch zu Hause macht er sich gut – vor allem für diejenigen, die gerne einmal ihre Schlüssel verlegen.

Das brauchen Sie

Schlüsselkasten
Acrylfarben in Porzellanblau, Summerskyblau, Weiß, Beige
Lackierpinsel
Mischteller
Schwämmchen
Küchenkrepp
Servietten mit Leuchtturmmotiv
Schere
Klebelack, Pinsel
Bügeleisen, Backpapier
Leichtmodelliermasse
Cutter
Strukturpaste
Außenlack
Deko-Zaun in Blau, etwa 15 cm lang
Holzstreuteile (2 Möwen)
Heißkleber

Anleitung

- Den Schlüsselkasten vorne, oben, unten und an den Seiten in mehreren Arbeitsgängen porzellanblau streichen. Die Innenseiten können, die Rückseite muss nicht gestrichen werden. Trocknen lassen.
- Summerskyblau und Weiß auf einen Teller geben. Mit dem Schwamm beide Farben gleichzeitig auf den Schlüsselkasten tupfen, sodass ein marmoriertes Muster entsteht. Überschüssige Farbe vom Schwamm auf Küchenkrepp abstreifen.
- Eine Serviette auf den Holzkasten legen und zurechtschneiden. Klebelack auftragen, Serviettenteile aufbügeln und das Motiv mit einer zweiten Schicht Klebelack fixieren. Auf die beiden Außenleisten des Kastens schmale Serviettenstreifen kleben.
- Aus einer zweiten Serviette Leuchtturm und Dünen ausschneiden. Die Modelliermasse etwa 1 mm dick ausrollen, mit Klebelack bestreichen und die Motive hineindrücken.
- Nach dem Trocknen des Lacks Motive mit dem Cutter ausschneiden, von hinten mit Klebelack bestreichen, auf den Kasten drücken und nochmals eine Schicht Klebelack darüber geben. Dabei die Kanten fest andrücken.
- Den unteren Teil des Kastens mit Strukturpaste verzieren und nach dem Trocknen beige streichen. Alles mit Außenlack versehen.
- Zuletzt Zaun und Streuteile mit Heißkleber auf den Schlüsselkasten fixieren.

An der Nordseeküste

Angesichts dieser sommerlichen Töpfe – im Doppel ganz besonders schön – kann einen schon das Fernweh packen. Unterstreichen Sie die zarte Farbigkeit durch die Wahl passender Pflanzen.

Das brauchen Sie

Großer Topf
Acrylfarben in Hellblau, Weiß und Dunkelblau
Tontopf, Ø etwa 28 cm
Lackierpinsel
Schwämmchen
Küchenkrepp
Klebelack
Pinsel
Serviette mit maritimem Motiv
Schere
Bügeleisen
Backpapier
Dekostift in Schwarz
Außenlack

Kleiner Topf
Tontopf mit passendem Unterteller
Acrylfarbe in Hellblau
Lackierpinsel
Reliefpaste
Borstenpinsel
Schwämmchen
Klebelack
Pinsel
Serviette mit nautischen Motiven
Schere
Bügeleisen
Backpapier
Außenlack

Anleitung

Großer Topf

- Hellblau mit Weiß aufhellen und den Topf damit grundieren. Am unteren Rand werden einige Zentimeter dunkelblau gestrichen. Dazu nur wenig Farbe auf den Pinsel nehmen und ihn schwingend waagerecht führen, sodass Wellen entstehen.
- Für die Wolken mit dem Schwamm etwas Weiß aufnehmen, auf Küchenkrepp abtupfen und behutsam über den Himmel streichen.
- Nach dem Trocknen den Topf rundherum mit Klebelack bestreichen.
- Die Serviettenmotive vorsichtig ausschneiden. Die weißen Segelschiffe werden zweilagig verarbeitet. Motive auflegen und in der Bügeltechnik fixieren. Mit einer zweiten Klebelackschicht schützen.
- Mit dem Dekostift einige Möwensilhouetten aufmalen und den Topf mit Außenlack wetterfest versiegeln.

Kleiner Topf

- Den Topf hellblau grundieren.
- Am oberen Rand und am Unterteller Reliefpaste mit einem Borstenpinsel auftragen und verreiben. Mit dem Schwamm ein wenig Hellblau auf die weiße Reliefpaste tupfen.
- Den Topf rundherum mit Klebelack bestreichen. Die Serviettenmotive ausschneiden oder ausreißen und in der Bügeltechnik fixieren. Die Motive dann mit einer zweiten Klebelackschicht schützen.
- Als zusätzlichen Schutz zum Schluss auf das gesamte Objekt Außenlack auftragen.

Fröhliches Rabenfest

Mit Serviettentechnik lassen sich viele Dinge, die man für eine Party braucht, verzieren: Von der Einladungskarte bis zur Wundertüte ist alles möglich.

Das brauchen Sie

Fensterbild
Servietten „Rabe"
Schere
Malfolie
Lackierpinsel
Window-Color-Farben in Kristallklar, Weiß und Hellblau
transparente Adhäsionsfolie, DIN A3
Schmierpapier
Zahnstocher
Plusterpens in Gelb, Orange, Rot, Grün, Blau und Schwarz

Wundertüte und Einladungskarten
Serviette „Rabe"
Schere
Klebelack
Pinsel
Umschlag, DIN A5
CD-Marker in Schwarz
Backpapier
Bügeleisen
Klappkarten, DIN A6
Süßigkeiten oder kleine Geschenke

Tischlaternchen
Serviette „Rabe"
Schere
Klebelack
Pinsel
4 Laternenfolien in Weiß, 9 x 11,5 cm
Plusterpens in Gelb, Grün, Schwarz, Weiß und Rot
Stecklaterne in Blau
Klebstoff

Anleitung

Fensterbild

- Den Raben und einige Luftballons grob ausschneiden, dabei „Haare", Kissen und Schnüre wegschneiden; die beiden hinteren Papierlagen entfernen. Die Malfolie mit wenig klarer Window-Color-Farbe einstreichen und die Motive seitenverkehrt aufkleben; trocknen lassen. Mit weißer Farbe satt überstreichen und gut trocknen lassen.
- Motive abziehen, konturnah ausschneiden und auf die transparente Adhäsionsfolie kleben.
- Das Kissen mit Window-Color-Farbe gemäß der Vorlage von Seite 146 malen.
- Mit Plusterpens Konturen, Details und Ballonschnüre malen; trocknen lassen.
- Den Raben und die Luftballons konturnah ausschneiden. An sehr kleinteiligen Stellen etwas Folie stehen lassen.

Wundertüte und Einladungskarten

- Einen Raben und einen Luftballon ohne „Haare" und Schnur exakt ausschneiden.
- Motive mit wenig Serviettenkleber auf den Umschlag kleben. Haare und Ballonschnur mit dem Marker aufmalen. Trocknen lassen.
- Umschlag bügeln. Motiv mit Lack versiegeln.
- Einladungskarten ebenso fertigen.
- Zum Schluss die Wundertüte mit Süßigkeiten und Geschenken füllen und verschließen.

Tischlaternchen

- Raben und Ballons exakt ausschneiden, dabei „Haare" und Schnüre wegschneiden. Auf die Laternenfolien kleben; trocknen lassen.
- Kontur und Details mit Plusterpens malen.
- Folien hinter die Fensterausschnitte kleben, Laterne zusammenstecken und verkleben.

Wärmende Jacke

Dieses Stoffbild wurde mit einem speziellen Textilkleber versiegelt. Der Textilleim erzeugt eine Art Gummierung, die das Bild umschließt. Auch beim Waschen in der Waschmaschine bleiben so die Motive unversehrt.

Das brauchen Sie

Servietten mit Motiven nach Wahl
Schere
Vliesofix
Backpapier
Bügeleisen
Jacke in einer hellen Farbe
Textilleim „Napkin Podge" von Plaid
Stoffmalpinsel

Anleitung

- Das Serviettenmotiv wird zuerst grob ausgeschnitten. In dieser Größe oder etwas größer ein Stück Vliesofix zuschneiden.
- Die zwei hinteren Papierlagen der Serviette entfernen. Ein Stück Backpapier zum Schutz auf das Bügelbrett legen, dann die Serviette mit der rechten Seite nach unten darauf platzieren. Das Stück Vliesofix mit der rauen Seite nach unten darauf legen. Mit Backpapier abdecken und auf heißester Stufe bügeln. Nun verbindet sich das Vliesofix mit der Serviette.
- Das Motiv exakt ausschneiden und das Schutzpapier vom Vliesofix abziehen.
- Das Motiv mit der Vliesofixseite auf den Stoff legen und mit Backpapier abgedeckt aufbügeln. Von der Rückseite ebenfalls bügeln.
- Die Serviette ist nun fixiert, aber noch empfindlich und ungeschützt. Deshalb wird eine Lage „Napkin-Podge"-Textilleim mit einem Stoffmalpinsel satt aufgetragen. Der Leim kommt nur auf die Serviette, achten Sie besonders auf dessen Verarbeitung an den Rändern.
- Nach dem vollständigen Trocknen bügeln. Dabei das Motiv mit Backpapier abdecken.

Tipp
Alle mit Serviettentechnik verzierten Textilien nur bei 30 °C und im Schonwaschgang waschen.

Muntere Igel

Im Herbst, wenn die Tage kürzer werden, beginnt bei den Igeln die Suche nach einem geeigneten Winterquartier. Die Bordüre ist ein idealer Herbstschmuck für ein großes Fenster, die kleinen Aufsteller ergänzen das Bild.

Das brauchen Sie

Igelbordüre
Servietten „Igel", „Pilze" und „Äpfel"
Schere
Malfolie
Lackierpinsel
Window-Color-Farben in Kristallklar und Weiß
transparente Adhäsionsfolie, DIN A3
dünner Folienstift
Plusterpens in Mischgrün, Braun, Schwarz und Weiß
Schmierpapier
Zahnstocher

Igelaufsteller
Servietten „Igel"
Schere
Klebelack
Pinsel
stabile Pappe in Weiß
Klebstoff

Anleitung

Igelbordüre

- Motive grob ausschneiden; die beiden hinteren Papierlagen entfernen. Die Malfolie mit wenig klarer Window-Color-Farbe einstreichen und das Motiv seitenverkehrt aufkleben; trocknen lassen. Mit weißer Farbe satt überstreichen und gut trocknen lassen.
- Motive abziehen, ausschneiden (Grasflächen zackig schneiden) und auf der Adhäsionsfolie zusammenpuzzeln.
- Überlappungen mit dem Folienstift markieren und zurechtschneiden.
- Übergänge mit Window-Color-Farbe dünn überstreichen; trocknen lassen.
- Details mit Plusterpens aufmalen: Gras und Glockenblumenstängel mit Grün malen, Stacheln braun stricheln. Für Augen und Nasen der Igel dicke schwarze Punkte malen, nach einer Stunde mit dem Zahnstocher winzige weiße Lichtpunkte jeweils in die rechte obere Hälfte setzen.
- Das Bild einige Stunden (am besten über Nacht) trocknen lassen.
- Die ganze Igelbordüre konturnah ausschneiden. An sehr kleinteiligen Stellen etwas Folie stehen lassen.

Tipp
Sie können auch mehrere Bordüren fertigen und diese beispielsweise in der Küche auf die Fliesen kleben. Natürlich müssen die Nahtstellen gleich hoch sein, am besten zeichnen Sie die Höhe vor dem Zuschneiden der Motive mit einem dünnen Folienstift an.

Igelaufsteller

- Igel grob ausschneiden und auf die Pappe kleben; trocknen lassen.
- Den Igel exakt ausschneiden.
- Einen 2,5 cm breiten Streifen aus der restlichen Pappe schneiden und als Stütze von hinten an den Igel kleben.

Ein Raffrollo zum Anbeißen

Mit dreidimensionaler Serviettentechnik wird aus einem herkömmlichen Rollo ein ganz individuelles Wohnaccessoire, das nicht nur im Herbst gut aussieht.

Das brauchen Sie

Servietten „Apfelernte"
Vliesofix
Bügeleisen
Backpapier
Transparentpapier
Bleistift, Schere
Volumenvlies
Stoff in der Dicke des Raffrollos, etwa 20 x 30 cm
Stofffixierer
Raffrollo

Anleitung

- Sechs Serviettenmotive mit grünem Rand ausreißen und auf ein gleich großes Stück Vliesofix bügeln.
- Von dem Apfelumriss eine Schablone aus Transparentpapier anfertigen.
- Um die Äpfel dreidimensional erscheinen zu lassen, nur die Äpfel sechsmal aus Stoff und Volumenvlies ausschneiden.
- Mit der Spitze des Bügeleisens nur die Stoffäpfel auf das Vliesofix der Serviette bügeln. Das Apfel-Volumenvlies zwischen Serviette und Raffrollo legen und rundherum gut festbügeln.
- Alle Teile mit Stofffixierer bis 1 cm über den Rand versehen.

Malerisches Kürbisbild

Das in Puzzletechnik gefertigte Bild mit verschiedenen Kürbissen und Blättern ist ein wunderschöner, herbstlicher Fensterschmuck.

Das brauchen Sie

Servietten mit verschiedenen Kürbismotiven
Schere
Malfolie
Lackierpinsel
Window-Color-Farben in Kristallklar und Weiß
transparente Adhäsionsfolie, DIN A3
dünner Folienstift

Anleitung

- Kürbisse und Blätter grob ausschneiden; die beiden hinteren Papierlagen entfernen. Die Malfolie mit wenig klarer Window-Color-Farbe einstreichen und die Motive seitenverkehrt aufkleben; trocknen lassen. Motive mit weißer Farbe satt überstreichen und gut trocknen lassen.
- Motive abziehen, ausschneiden und auf der Adhäsionsfolie zusammenpuzzeln.
- Überlappungen mit dem Folienstift markieren und zurechtschneiden.
- Übergänge mit klarer Window-Color-Farbe dünn überstreichen.
- Das Bild einige Stunden (am besten über Nacht) trocknen lassen.
- Die fertige Komposition konturnah ausschneiden. An sehr kleinteiligen Stellen etwas Folie stehen lassen.

Tipp
Bei der Puzzletechnik kommt es häufig zu kleinen Spalten zwischen den Motiven. Größere Fehlstellen können Sie mit Window-Color-Farben in entsprechenden Tönen schließen. Farbreste, die auf das Motiv gekommen sind, mit einem Lappen von der Oberfläche wischen.

Buntes Herbstlaub

Mit diesen bunten Blättern können Sie innerhalb kürzester Zeit Farbe an Ihr Fenster zaubern, die bei grauem Wetter trübe Gedanken vertreibt.

Das brauchen Sie

Serviette „Herbstlaub"
Schere
Malfolie
Lackierpinsel
Window-Color-Farben in Kristallklar und Weiß
transparente Adhäsionsfolie
Plusterpens in Braun, Gelb, Hellgrün und Weiß
Schmierpapier
Zahnstocher

Anleitung

- Serviettenmotive grob ausschneiden; die beiden hinteren Papierlagen entfernen.
- Die Malfolie mit wenig klarer Window-Color-Farbe einstreichen und die Motive seitenverkehrt aufkleben; trocknen lassen. Mit weißer Farbe satt überstreichen und gut trocknen lassen.
- Motive abziehen, konturnah ausschneiden und auf die transparente Adhäsionsfolie kleben.
- Auf einen Folienrest jeweils einen Klecks der vier Plusterpens geben. Braun mit Gelb zu Ocker, Braun und Grün mit wenig Weiß zu einem hellen Olivgrün mischen. Das Braun mit wenig Weiß etwas aufhellen.
- Mit dem Zahnstocher die Mischfarben an den Stielen auftragen. An den Kastanien die Stacheln übergehen.
- Die Motive einige Stunden (am besten über Nacht) trocknen lassen.
- Blätter und Kastanien konturnah ausschneiden. An sehr kleinteiligen Stellen etwas Folie stehen lassen.

Leuchtende Herbstgirlande

Diese ganz besondere Lichterkette ist der ideale Schmuck für gesellige Weinfeste im goldenen Oktober.

Das brauchen Sie

Servietten „Herbstlaub", „Sonnenblumen" und „Kürbisse"
Schere
Windradfolie
Klebelack
Pinsel
Plusterpens in Gelb, Orange, Rot, Dunkelrot, Braun, Grün und Mischgrün
Lichterkette mit 20 Lämpchen
Girlande mit künstlichem Herbstlaub (Weinranke)
Myrthendraht in Gold
Seitenschneider
Heißkleber

Anleitung

- Insgesamt 20 Kürbisse, Blätter und Sonnenblumen grob aus den Servietten ausschneiden; die beiden hinteren Papierlagen entfernen.
- Die Windradfolie mit Klebelack einstreichen. Die Motive auflegen und von der Mitte nach außen feststreichen; trocknen lassen. Motive mit einer Schicht Klebelack versiegeln.
- Konturen und Details der Motive mit den Plusterpens aufmalen. Trocknen lassen.
- Motive exakt ausschneiden.
- Die Lichterkette um die Herbstblattgirlande wickeln und mit Myrthendraht befestigen.
- Motive mit reichlich Heißkleber auf die Lämpchenhalterungen kleben.

Gruselige Halloweenparty

In der Nacht auf den ersten November ist Halloween. Eine ideale Gelegenheit für eine gruselig schöne Gespensterparty.

Das brauchen Sie

Fensterbild
Servietten „Halloweenkürbis", „Kröte", „Vogelscheuchen", „Hexe" und „Kürbisse"
Schere
Malfolie, Lackierpinsel
Window-Color-Farben in Kristallklar, Weiß, Gelb, Bernstein, Lila, Fliederblau und Arktisblau
transparente Adhäsionsfolie
dünner Folienstift in Schwarz
Plusterpens in Gelb, Orange, Dunkelrot, Hellgrün, Braun, Weiß und Schwarz
Schmierpapier
Zahnstocher

Halloweenkonserven
transparente Adhäsionsfolie
Window-Color-Farben in Gelb nachtleuchtend, Lila, Bordeauxrot und Olivgrün
Plusterpens in Hellgelb, Orange, Lila, Hellgrün, Weiß und Schwarz
verschiedene Gläser mit eingelegtem Gemüse (z.B. Oliven, Spargel, Kapern)

Anleitung

Fensterbild

- Motive grob ausschneiden; die beiden hinteren Papierlagen entfernen. Malfolie mit wenig Kristallklar einstreichen und das Motiv seitenverkehrt aufkleben; trocknen lassen. Mit weißer Farbe satt überstreichen. Trocknen lassen.
- Motive abziehen und ausschneiden, dabei Fingernägel der Hexe, Spinne auf der Kröte und Stäbe der Vogelscheuchen abschneiden.
- Die Kürbisgesichter nach der Vorlage von Seite 147 mit dem Folienstift aufzeichnen und ausschneiden.
- Motive auf der Adhäsionsfolie zusammenpuzzeln. Überlappungen mit dem Folienstift markieren und zurechtschneiden.
- Übergänge mit Window-Color-Farbe dünn überstreichen; trocknen lassen.
- Konturen und Details mit Plusterpens aufmalen. Ranken, Fingernägel der Hexe und Spinnen (Vorlage Seite 147) ergänzen. Nach einer Stunde die Augen der Spinnen in Gelb auftupfen. Trocknen lassen. Mit dem Zahnstocher Pupillen in die Augen setzen.
- Mund- und Augenausschnitte der Kürbisse mit gelber Window-Color-Farbe ausmalen. Zwischen die Haare der rechten Scheuche etwas Bernstein ziehen. Den unteren Bildbereich in Lila, Fliederblau und Arktisblau tupfen; trocknen lassen.
- Das Bild konturnah ausschneiden. An sehr kleinteiligen Stellen etwas Folie stehen lassen.

Halloweenkonserven

- Adhäsionsfolie auf die Vorlagen von Seite 148 legen. Nachtleuchtende Window-Color-Farbe zusammen mit zweiter Farbe auftragen und mit dem Zahnstocher vermischen. Nach dem Trocknen mit Plusterpens Schrift und Motive aufmalen.
- Etiketten von den Gläsern lösen.
- Aufkleber ausschneiden und auf die Gläser drücken.

GNOM
AUGN
LEICHN
FINGA
EXTRA
BLEICH
HASN
NASN

Spuk im Geisterschloss

Zur Geisterstunde verlassen die Gespenster ihre Behausung und treiben ihr Unwesen. Das Besondere an diesem Spukschloss ist, dass es im Dunkeln leuchtet.

Das brauchen Sie

Servietten „Gespenster"
Schere
Malfolie
Lackierpinsel
Window-Color-Farben in Kristallklar, Weiß, Gelb nachtleuchtend, Orange nachtleuchtend, Olivgrün, Bordeauxrot und Resedagrün
transparente Adhäsionsfolie, DIN A3
Schmierpapier
Zahnstocher
Plusterpen in Gelb nachtleuchtend

Anleitung

- Gespenster grob ausschneiden; die beiden hinteren Papierlagen entfernen. Die Malfolie mit wenig klarer Window-Color-Farbe einstreichen und die Motive seitenverkehrt aufkleben; trocknen lassen. Mit weißer Farbe satt überstreichen und gut trocknen lassen.
- Motive abziehen, konturnah ausschneiden (auch Münder und Augen ausschneiden) und gemäß der Vorlage von Seite 149 auf die Adhäsionsfolie kleben.
- Türme und Mauern nach der Vorlage mit den beiden nachtleuchtenden Farben malen. Farbverläufe mit dem Zahnstocher mischen. Mit dem Zahnstocher olivgrüne Mauerfugen einziehen. Dächer in Bordeauxrot malen, Fenster in Resedagrün, Burghof in Olivgrün. Die Wellen rechts unten in Resedagrün und den nachtleuchtenden Farben malen.
- Wenn das Bild gut durchgetrocknet ist, Konturen und Details mit Plusterpen malen; trocknen lassen.
- Das fertige Geisterschloss konturnah ausschneiden. An sehr kleinteiligen Stellen etwas Folie stehen lassen.

Tipp
Sie können noch einige Extrageister fertigen, die um das Schloss herumschwirren.

Am Südpol

Die Vielfalt der Serviettenmotive ist riesig. Bestimmt finden Sie auch Ihre Lieblingstiere. Hier tummeln sich behäbige Robben und elegante Pinguine. Reliefpaste akzentuiert die interessanten Motive.

Das brauchen Sie

Seerobben-Kerze
viereckiger Tontopf
Serviette „Seerobben"
Schere
Klebelack
Pinsel
Bügeleisen
Backpapier
Reliefpaste, Borstenpinsel
Acrylfarbe in Champagner
Außenlack
Lackierpinsel

Pinguin-Vase
weiße Vase
Klebelack
Pinsel
Serviette „Pinguine"
Schere
Bügeleisen
Backpapier
Reliefpaste
Borstenpinsel
Schwämmchen
Acrylfarbe in Silber
Außenlack
Lackierpinsel

Anleitung

Seerobben-Kerze

- Bei dem hier gezeigten Kerzentopf war eine Grundierung nicht nötig. Falls doch grundiert werden muss, wählen Sie eine helle Acylfarbe, die zu den Motiven passt.
- Die Robben mitsamt den Eisschollen ausschneiden, auf denen sie stehen und liegen.
- Topf rundherum mit Klebelack bestreichen und die Motive in Bügeltechnik fixieren. Motive mit einer zweiten Klebelackschicht schützen.
- Die Reliefpaste wird mit dem Borstenpinsel im unteren Drittel verteilt, sodass sie wie vorgelagerte Eisblöcke wirkt. Nach dem Trocknen in Champagner bemalen.
- Gefäß mit Außenlack schützen.

Pinguin-Vase

- Auch diese Vase war bereits weiß grundiert und musste nicht mehr bearbeitet werden.
- Die Vase mit Klebelack einstreichen. Die Pinguine ausschneiden und einzeln oder in kleinen Gruppen in der Bügeltechnik fixieren. Motive mit einer zweiten Klebelackschicht schützen.
- Um das Eis plastischer darzustellen und die Pinguine darin einzubetten, mit Reliefpaste arbeiten. Sie wird in kreisenden Bewegungen mit einem harten Borstenpinsel im unteren Bereich der Vase verrieben.
- Da die Reliefpaste weiß ist, nach dem Trocknen mit dem Schwamm Silberfarbe auftupfen. Zum Schluss Außenlack auftragen.

Dicke Freunde

Wenn der erste Schnee fällt, will man natürlich gleich einen Schneemann bauen. Sollte die weiße Pracht dafür aber nicht reichen, ist dieser lustige Fensterschmuck der richtige Ersatz.

Das brauchen Sie

Serviette „Schneemänner"
Schere
Malfolie
Lackierpinsel
Window-Color-Farben in Kristallklar, Weiß, Arktisblau, Rot, Braun, Bernstein, Dunkelrot, Blau, Grün, Gelb und Orange
transparente Adhäsionsfolie, DIN A3
Schmierpapier
Zahnstocher
dünner Folienstift in Schwarz
Plusterpen in Weiß

Anleitung

- Die Köpfe grob ausschneiden; die beiden hinteren Papierlagen entfernen. Die Malfolie mit wenig klarer Window-Color-Farbe einstreichen und die Motive seitenverkehrt aufkleben; trocknen lassen. Mit weißer Farbe satt überstreichen und gut trocknen lassen.
- Motive abziehen, konturnah ausschneiden; die Schleife unter dem einen Kopf bleibt erhalten, während der herabhängende Schal des zweiten Kopfes weggeschnitten wird.
- Die Adhäsionsfolie auf die Vorlagen von Seite 150 und 151 legen und die Köpfe aufkleben.
- Die Körper und Accessoires ohne Kontur auf die Folien malen. Die Schattierungen auf den Körpern nach der Vorlage in Arktisblau auftragen und mit dem Zahnstocher vermalen. Für die roten Handschuhe Rot und Dunkelrot auftragen und kreisend vermalen. Auf den Weinkorken braune Tupfen setzen, etwas antrocknen lassen und den Korken dann in Bernstein malen.
- Das Bild einige Stunden (am besten über Nacht) trocknen lassen.
- Konturen und feine Linien mit dem Folienstift malen. Für das weiße Muster auf dem Schal den Zahnstocher in die weiße Plusterfarbe tauchen und die Linien ziehen.
- Die fertigen Schneemänner konturnah ausschneiden. An sehr kleinteiligen Stellen etwas Folie stehen lassen.

Advent, Advent

Für diesen Adventskranz werden einfache weiße Kerzen durch Serviettentechnik aufgewertet. Es entsteht ein kostengünstiges und dennoch einzigartiges floristisches Meisterwerk.

Das brauchen Sie

Lerchenzapfen
Blumendraht in verschiedenen Stärken
Seitenschneider
Reisigkranz
Sprühkleber
Dekorschnee zum Streuen
Silbersternchen
Serviette „Schneemann"
Klebelack für Wachs
Pinsel
4 weiße Kerzen
große Streichholzschachtel
Acrylfarbe in Elfenbein, Lackierpinsel
Serviette mit Weihnachtsmotiv
Klebelack

Anleitung

Adventskranz

- Lerchenzapfen andrahten und in den Reisigkranz stecken. Den Kranz mit Sprühkleber einsprühen und mit Dekorschnee bestreuen. Kleine Silbersternchen aufkleben.
- Schneemannmotive aus den Servietten reißen und die beiden hinteren Papierlagen entfernen. Das Motiv mit Wachsklebelack auf die Kerzen kleben.
- Jeweils zwei Stücke festen Blumendraht über einer Kerzenflamme erhitzen und in die Kerzenunterseite bohren.
- Die angedrahteten Kerzen an der gewünschten Stelle durch den Reisigkranz stecken. Auf der Kranzunterseite die überstehenden Drahtenden miteinander verdrehen und wieder in den Kranz zurückstecken.

Streichholzschachtel

- Die Schachtel mit Acrylfarbe grundieren.
- Motiv aus der Serviette schneiden und die beiden hinteren Papierlagen abziehen.
- Mit Klebelack das Motiv aufkleben und nochmals überpinseln.

Waldbäckerei im Schnee

Weihnachtszeit ist Backzeit. Auch draußen im Walde haben die Weihnachtsmänner ihren Ofen schon angeworfen. Die Vorlage für das schöne Fensterbild finden Sie auf Seite 152.

Das brauchen Sie

Fensterbild
Servietten „Schneemann und Weihnachtsmann", „Christmas Bakery" und „Mädchen und Rentier im Schnee mit verschneiten Bäumen"
Schere, Malfolie
Lackierpinsel
Window-Color-Farben in Kristallklar, Weiß, Arktisblau, Rot, Bordeauxrot, Braun und Frost
transparente Adhäsionsfolie, DIN A3
Schmierpapier
Zahnstocher
Plusterpens in Weiß, Orange, Rot, Braun, Mischbeige, Grün und Schwarz

Tischlaternchen
Serviette „Christmas Bakery"
Schere
Klebelack, Pinsel
6 Laternenfolien in Weiß, 9 x 11,5 cm
Plusterpens in Mittelbraun, Weiß, Mischbeige, Rot und Hellgrün
Stecklaterne in Weiß
künstliche Ilexgirlande
Klebstoff
Heißkleber
Glitterpens in Rubinrot und Silber

Anleitung

Fensterbild

- Motive grob ausschneiden und gemäß der Anleitung von Seite 8f. vorbereiten.
- Motive abziehen und konturnah ausschneiden. Die Adhäsionsfolie auf die Vorlage legen und die Motive an die entsprechenden Stellen kleben; eventuell nachschneiden.
- Ergänzungen ohne Kontur aufmalen. Die Schattierungen nach der Vorlage auftragen und mit dem Zahnstocher vermalen.
- Das Bild einige Stunden (am besten über Nacht) trocknen lassen.
- Konturen und Details mit den Plusterpens auftragen.
- Nach dem Trocknen das Bild konturnah ausschneiden. An sehr kleinteiligen Stellen etwas Folie stehen lassen.

Tischlaternchen

- Verschiedene Motive grob ausschneiden; die beiden hinteren Papierlagen entfernen.
- Serviettenmotive auf zwei Laternenfolienstücke kleben; trocknen lassen.
- Kontur und Details mit Plusterpens malen.
- Motive nach dem Trocknen konturnah ausschneiden.
- Übrige Laternenfolie in die Ausschnitte der Laterne kleben und diese zusammenstecken.
- Girlande rings um die Ausschnitte kleben. Motivteile aufkleben.
- Mit Glitterpens kleine Punkte auf Girlande und Rahmen verteilen, außerdem einige Details hervorheben.

Honig

Adventskalender

Auch den Kindern macht das Arbeiten mit Servietten Spaß, und die Neugierde auf die kleinen Überraschungen wird beim Basteln sicher noch gesteigert.

Das brauchen Sie

großer Zweig oder Ast
Blumentopf aus Plastik
Styroporstücke
Gips
Eimer
Servietten mit verschiedenen Weihnachtsmotiven
Schere
Klebelack
Pinsel
24 weiße Toilettenpapier-Papprollen
Krepppapier in Rot
Klebestift
Fotokarton in Rot
Lackstift in Silber
24 kleine Überraschungen
Geschenkband, 4 mm breit
Übertopf
Moos

Anleitung

- Den Zweig oder Ast in den Plastiktopf stellen und mit Styroporstücken befestigen. Gips mit Wasser (siehe Packungsanweisung) anrühren und den Plastiktopf damit auffüllen.
- Unterschiedliche Motive aus den Servietten schneiden und die hinteren Papierlagen abziehen. Die Motive mit Klebelack auf die Toilettenpapierrollen kleben.
- Aus rotem Krepppapier 24 Stücke in der Größe 18 x 18 cm schneiden und oben und unten in die Papprollen einkleben.
- 24 kleine rote Kärtchen aus Fotokarton zuschneiden, lochen und mit Ziffern von 1 bis 24 beschriften.
- Die fertigen Rollen mit kleinen Überraschungen füllen und beide Enden mit Geschenkband zubinden. Dabei die Ziffernkärtchen mit einknoten.
- Die fertigen Päckchen in den Baum hängen. Den Baum in einen schönen Übertopf stellen, oder mit Krepppapier umhüllen und mit Moos belegen.

18
16
24
17
13
23
15
20
19

Bärchen im Schnee

Die Bärchen machen sich auf den Weg, um auf dem zugefrorenen See Schlittschuh zu laufen. Das Fensterbild wurde in Kombinationstechnik gefertigt.

Das brauchen Sie

Serviette „Teddy Winter"
Schere
Malfolie
Lackierpinsel
Window-Color-Farben in
Kristallklar, Weiß, Braun,
Hautfarben, Bernstein
Olivgrün, Russischgrün,
Arktisblau, Pariserblau,
Grau und Rot
transparente Adhäsionsfolie
Schmierpapier
Zahnstocher
Plusterpens in Braun,
Mischgrün, Weiß,
Rot, Schwarz, Hellblau
und Grau

Anleitung

- Bären grob ausschneiden; die beiden hinteren Papierlagen entfernen. Die Malfolie mit wenig klarer Window-Color-Farbe einstreichen und das Motiv seitenverkehrt aufkleben; trocknen lassen. Dick mit weißer Farbe überstreichen und trocknen lassen.
- Motive abziehen und konturnah ausschneiden.
- Adhäsionsfolie auf die Vorlage von Seite 153 legen, die Bären auflegen, eventuell nachschneiden und an die vorgesehenen Stellen kleben.
- Mit Window-Color-Farben die fehlenden Teile malen. Die Tatzen braun, haut- und bernsteinfarben stricheln. Für die grüne Hose Olivgrün auftragen, gestrichelte Bereiche in Russischgrün absetzen; mit dem Zahnstocher etwas vermischen. Bei der blauen Hose genauso mit Arktisblau und Pariserblau verfahren. Das linke Stiefelpaar wird weiß gemalt und mit Grau abgesetzt. Bei den rechten Stiefeln zuerst den weißen Lichtreflex malen und trocknen lassen, dann das Rot drumherum setzen. Gürtel, Pulloverbündchen und Schnee sind einfarbig.
- Das Bild einige Stunden trocknen lassen.
- Konturen und Details mit Plusterpens nachziehen; Pelzkontur stricheln. Augen und Nasen dick mit schwarzem Plusterpen malen, trocknen lassen und mit dem Zahnstocher jeweils einen weißen Lichtreflex setzen; trocknen lassen.
- Das fertige Bärchenbild konturnah ausschneiden. An sehr kleinteiligen Stellen etwas Folie stehen lassen.

Prächtiger Weihnachtsmann

Kinder haben eine feste Vorstellung davon, wie der Weihnachtsmann auszusehen hat: rot von Kopf bis Fuß und mit einem langen weißen Bart. Das Exemplar auf dieser Seite hat sogar noch ein Säcklein und eine Rute dabei.

Das brauchen Sie

Schneiderkreide
Filz in Rot
Schere
Nähmaschine
Nähgarn in Rot
Füllwatte
Leinenstoff,
  etwa 12–20 cm
Nähgarn in Naturfaben
Nähnadel
Serviette „Weihnachtsmann"
Klebelack
Pinsel
dicke Pappe in Weiß
Cutter
Schneideunterlage
Acrylfarbe in Rot
Pinsel
kleine Zweige
Rest Garn
Klebstoff
Goldkordel

Anleitung

- Vorlagen der Seiten 154 bis 156 mit Schneiderkreide auf den roten Filz übertragen. Mit 1 cm Nahtzugabe ausschneiden.
- Zuerst mit der Nähmaschine den Bauch zwischen die beiden Vorderteile nähen, dann das Rückenteil und das Vorderteil zusammennähen. Die untere Naht zum Füllen offen lassen.
- Die Füllwatte in den Körper stopfen, sodass der Nikolaus leicht plastisch ist, dann die untere Naht schließen.
- Aus grobem Leinenstoff ein Säckchen nähen, mit Füllwatte etwas ausstopfen und am linken Armende des Weihnachtsmannes annähen.
- Das Weihnachtsmanngesicht und die Stiefel aus den Servietten schneiden und die hinteren Papierlagen entfernen.
- Mit Klebelack die Motive auf Pappe aufkleben und nach dem Trocknen mit dem Cutter exakt ausschneiden.
- Die Pappteile von hinten mit roter Acrylfarbe anmalen und an den Körper nähen.
- Mehrere kleine Zweige zu einer Rute zusammenbinden und an den linken Arm nähen.
- Auf die Mantelvorderseite (Mitte) einen breiten senkrechten Streifen aus Füllwatte kleben.
- Die Goldkordel wird dem Weihnachtsmann als Gürtel um den Bauch gebunden.

Transparenter Weihnachtskranz

Zur Vorweihnachtszeit gehört einfach ein schöner und stimmungsvoller Adventskranz. Dieses Modell hat den Vorteil, dass es keine Nadeln verliert.

Das brauchen Sie

Serviette „Weihnachtskranz"
Schere
Malfolie
Lackierpinsel
Window-Color-Farben in Kristallklar und Weiß
transparente Adhäsionsfolie
Plusterpens in Mischgrün, Rot und Schwarz
Schmierpapier
Zahnstocher

Anleitung

- Die beiden hinteren Papierlagen von der Serviette entfernen. Die Malfolie mit wenig klarer Window-Color-Farbe einstreichen und die Serviette seitenverkehrt aufkleben; trocknen lassen. Mit weißer Farbe satt überstreichen und gut trocknen lassen.
- Motiv abziehen, konturnah ausschneiden, dabei die kleinen Ästchen und Tannennadeln abschneiden. Alle Efeublätter, die weit abstehen, ausschneiden und zur Seite legen.
- Kranz auf die transparente Adhäsionsfolie kleben. Efeublätter nach Geschmack ansetzen.
- Mit den Plusterpens Tannennadeln, Beeren, und Stiele nach- bzw. aufmalen und das Bild trocknen lassen.
- Mit dem Zahnstocher auf jede Beere ein schwarzes Pünktchen setzen.
- Den fertigen Kranz konturnah ausschneiden. An sehr kleinteiligen Stellen etwas Folie stehen lassen.

Leinen und Seide

Mit etwas Geschick können Sie die bezaubernden Serviettenmotive auch auf edlen Stoffen anbringen. Seide wirkt im Kerzenschein besonders schön und edel.

Das brauchen Sie

Kissenhülle
Leinenstoff
Schere
Nähmaschine
Nähseide in Naturfarben
Küchenkrepp
Servietten „Engel"
Klebelack für Stoff
Pinsel
Bügeleisen
Backpapier

Lampe
Batikseide
Schere
Glaszylinder
Nähmaschine
Nähseide in Weiß
Serviette „Weihnachtskugeln"
Klebelack für Stoff
Pinsel
Bügeleisen
Backpapier
verschiedene Perlendrähte
Seitenschneider
Kerze

Anleitung

Kissenhülle

- Den Leinenstoff zuschneiden (1 m x 0,5 m). Die Stoffränder mit der Nähmaschine im Zickzackstich versäubern. An den schmalen Seiten einen 2 cm breiten Saum nähen.
- Den Stoff in Dritteln rechts auf rechts zusammenfalten und die Seitennähte der Kissenhülle schließen.
- Küchenpapier unter die Kissenvorderseite legen, damit die Stofflagen nicht verkleben.
- Die Engelmotive aus den Servietten schneiden, die hinteren Papierlagen abziehen.
- Die Rückseite der Motive vorsichtig mit Klebelack einpinseln und sofort auf den Leinenstoff aufkleben. Es erfordert etwas Fingerspitzengefühl, jedoch entstehen später keine unschönen Leimränder auf dem Stoff.
- Nach etwa 24 Stunden Trockenzeit bei niedriger Temperatur überbügeln.

Lampe

- Die Batikseide entsprechend der Größe des Glaszylinders wie folgt zuschneiden: Länge = 1 cm plus Umfang des Glaszylinders plus Nahtzugabe. Breite = 1 cm plus Höhe des Glaszylinders plus zweimal den Saum.
- Jeweils die Ober- und Unterkante der Seide einsäumen.
- Die Christbaumkugelmotive aus der Serviette schneiden und die hinteren Papierlagen entfernen. Die Serviettenmotive wie beim Kissen auf die Seide kleben; trocknen lassen.
- Die Seide rechts auf rechts zusammenlegen und die Seitennaht schließen.
- Die Hülle über den Glaszylinder streifen und um den oberen Zylinderrand die verschiedenen Perlendrähte anbringen. Damit die Lampe auch leuchtet, wird eine Kerze hineingestellt.

Leuchtendes Weihnachtshaus

Für weihnachtliche Stimmung auf der Fensterbank sorgt dieses wunderschöne Haus, das von hinten mit einer Lichterkette illuminiert wird.

Das brauchen Sie

dicke Pappe in Weiß
Bleistift
Lineal
Cutter
Schneideunterlage
Servietten „Bärenhaus"
Schere
Klebelack
Pinsel
Windradfolie
Acrylfarben in Tannengrün und Weiß
Mischteller
Lackierpinsel
Plusterpens in Rot, Gelb, Braun, Orange, Fliederblau, Grün und Mischgrün
Schneepaste
10er Lichterkette
Heißkleber
künstlicher Tannenzweig

Anleitung

- Pappe gemäß der Zeichnung von Seite 157 zuschneiden.
- Von einer Serviette die oberste Lage abziehen, auf den unteren Bereich der Pappe kleben.
- Zwei 1,5 cm breite und etwa 21 cm lange Pappstreifen zuschneiden und links und rechts auf den Giebel kleben; Leisten bündig aneinander stoßen lassen. Einen 8 mm und etwa 29 cm langen Pappstreifen als untere Giebelbegrenzung einpassen.
- Die Öffnungen der kleinen Laterne und die Fenster ausschneiden, dabei die Köpfe der Bären und den Türkranz stehen lassen.
- Aus einer zweiten Serviette die Fenster und die Laterne grob ausschneiden. Auf die Windradfolie kleben.
- Beklebte Windradfolie etwas größer als Laterne und Fensterausschnitte zuschneiden und von hinten aufkleben.
- Bären mit Geschenk, Schlitten und Bäumchen grob ausschneiden und auf Pappe kleben, konturnah ausschneiden und deckungsgleich auf die Fassade kleben.
- Mit tannengrüner und weißer Acrylfarbe einen Farbton anmischen, der zur Fassade passt. Den Giebel damit streichen. Farbton etwas dunkler anmischen und die Abschlussstreifen damit bemalen.
- Die Motive mit Plusterpens verzieren.
- Giebel, Gesimse, Fensterbretter, Boden und den kleinen Baum mit Schneepaste versehen.
- Gemäß den Zeichnungen von Seite 158 und 159 Stütze und Grundplatte ausschneiden. Stütze entlang der gestrichelten Linie knicken. Stütze von hinten an das Haus und beides auf die Grundplatte kleben.
- Die Stütze mehrmals einschneiden und die Drähte der Lichterkette so einziehen, dass hinter jeder Fensteröffnung mindestens eine Lampe sitzt. Mit Heißkleber fixieren. Damit die Lämpchen die Folie nicht berühren, werden mehrere Pappquadrate (3 x 3 cm) untergeklebt.
- Zuletzt den Tannenzweig von hinten an den Giebel setzen und einige Lämpchen der Lichterkette daran festkleben.

Schreib mal wieder!

Gerade zu Weihnachten schreibt man gerne seinen Lieben. Durch die hübschen Engel von Raffael bekommt das einfache Briefpapier noch den letzten Pfiff.

Das brauchen Sie

Briefpapier und Umschläge
Servietten „Sixtinische Engel"
Schere
Briefpapier
Briefumschläge
Acrylfarbe in Gold
Borstenpinsel
Klebelack
Pinsel

Geschenkkarton
Servietten „Sixtinische Engel" und „Sterne"
Schere
Acrylfarbe in Gold
Borstenpinsel
passender Geschenkkarton
Klebelack
Pinsel

Anleitung

Briefpapier und Umschläge

- Engelmotive aus den Servietten schneiden und die hinteren Papierlagen entfernen.
- In der linken oberen Ecke des Briefpapiers sowie auf der Rückseite der Briefumschläge dem Motiv entsprechend mit goldener Acrylfarbe eine Wolke malen.
- Die Engel auf die Wolken kleben, trocknen lassen und mit Klebelack überpinseln.

Geschenkkarton

- Engel- und Sternmotive aus den Servietten schneiden und jeweils die hinteren Papierlagen entfernen.
- Mit Acrylfarbe mehrere goldene Wolken auf die Oberseite des Geschenkkartons malen.
- Die ausgeschnittenen Engel und Sterne auf den Geschenkkarton kleben, trocknen lassen und mit Klebelack überpinseln.

Statt bunter Blumen

Ob drinnen oder draußen: In diesen wunderschönen Blumenkästen lebt Immergrünes richtig auf. Die lustigen Schneemänner lassen ihre Köpfe auch niemals hängen.

Das brauchen Sie

Blumenkasten
Weinkiste aus Holz
Acrylfarben in Elfenbein und Blau
Lackierpinsel
Servietten mit Schneemannmotiv
Schere
Klebelack
Pinsel
Sprühkleber
Dekorschnee zum Streuen

Blumenstecker
Servietten mit Schneemannmotiven
Schere
Klebelack
Pinsel
fester Tonkarton in Weiß
Cutter
Schneideunterlage
Holzspieße
Klebeband
Acrylfarbe in Blau

Anleitung

Blumenkasten

- Die Holzkiste mit Acrylfarbe elfenbeinfarben grundieren.
- Schneemannmotive aus der Serviette schneiden und die beiden hinteren Lagen abziehen.
- Die Schneemänner im unteren Bereich der Holzkiste auflegen und mit einem mittelbreiten Pinsel von der Mitte heraus mit Klebelack fixieren. Es ist ratsam, eine Seite nach der anderen zu bearbeiten.
- Die motivfreien Flächen mit blauer Acrylfarbe bemalen.
- Nachdem alle Flächen trocken sind, die Kiste in den blauen Bereichen mit Sprühkleber besprühen und Dekorschnee darüber streuen.

Blumenstecker

- Die grob ausgeschnittenen Schneemannmotive mit Klebelack auf den Tonkarton kleben.
- Nach dem Trocknen die Motive mit dem Cutter ausschneiden.
- Auf der Rückseite werden die Holzspieße mit Klebeband in der Mitte fixiert.
- Rückseite, Schnittkanten und Holzstäbe mit blauer Acrylfarbe bemalen.

Tipp
Wenn Sie die Schneemänner ins Freie stellen wollen, sollten Sie auf jeden Fall noch zwei bis drei Schichten Außenlack auftragen, damit sie wetterbeständig werden.

LET IT SNOW

Nützliche Körbe, Seite 20

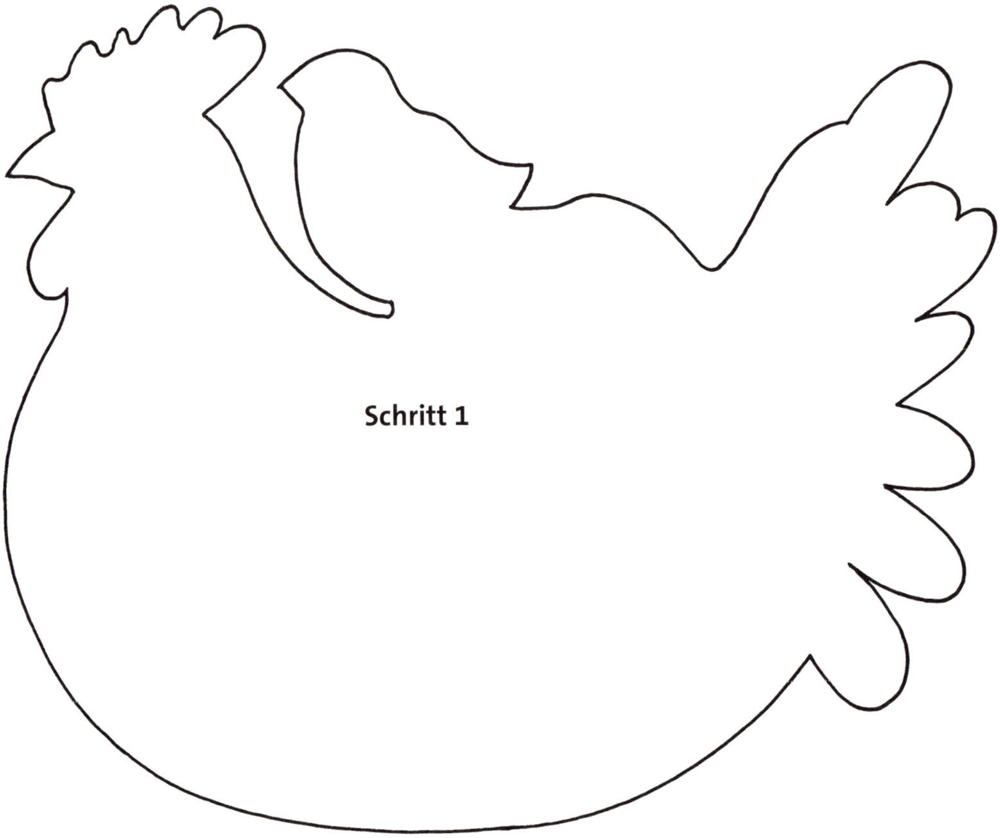

Nützliche Körbe, Seite 20

Schritt 3

Schritt 4

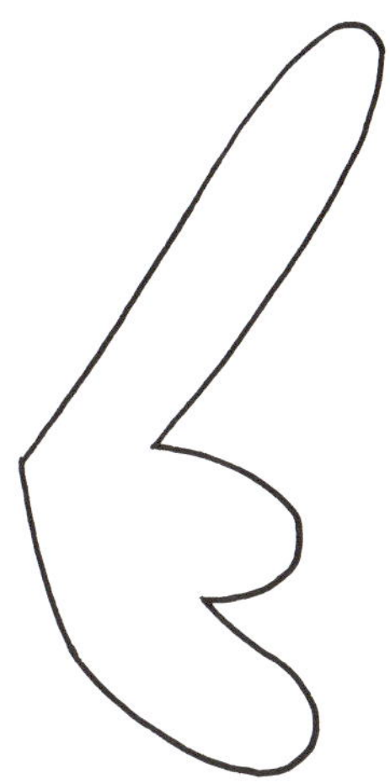

Vorlage bitte auf dem Kopierer um
85 % vergrößern.

Verliebtes Hasenpärchen, Seite 22

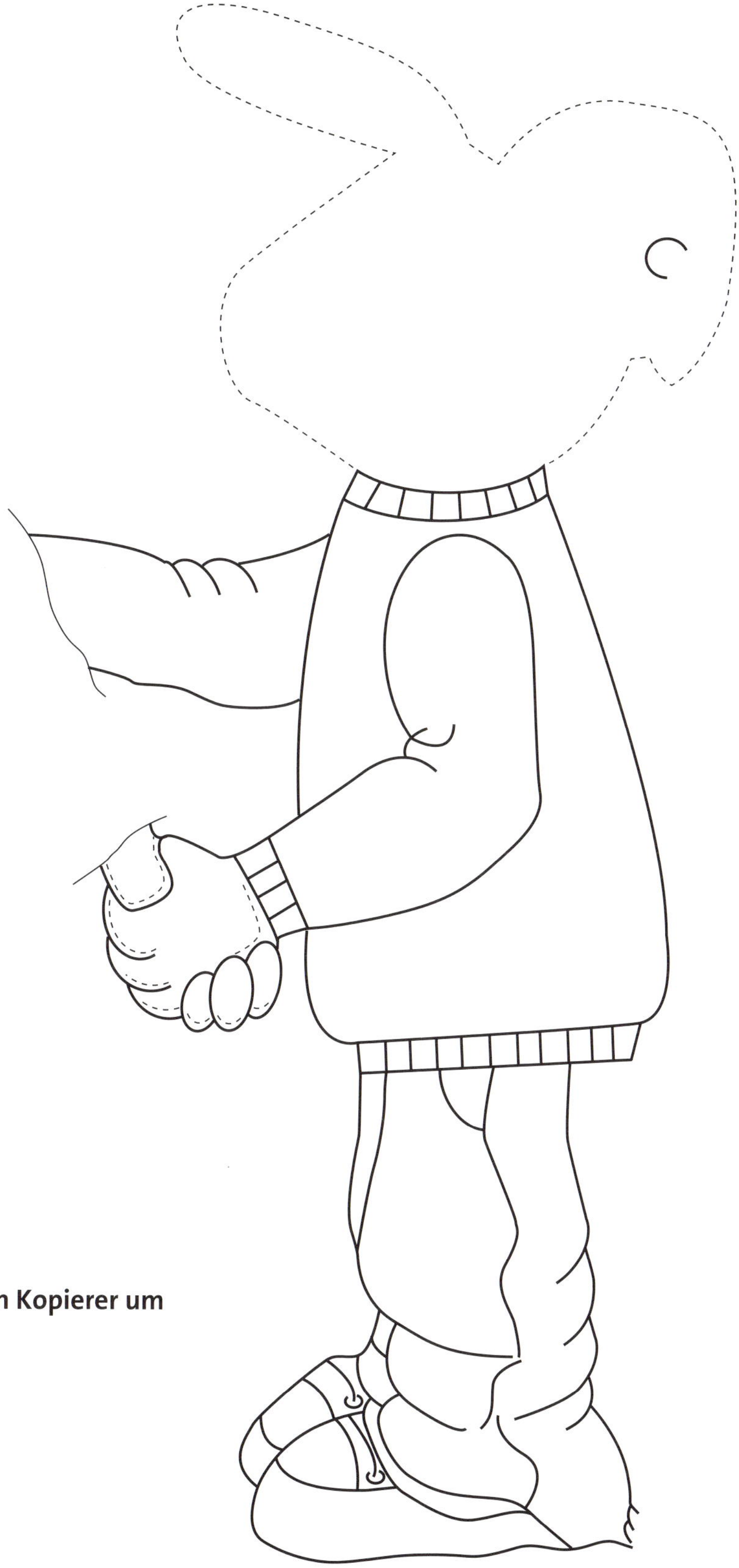

Vorlage bitte auf dem Kopierer um 85 % vergrößern.

Vorlage bitte auf dem Kopierer um 25 % vergrößern.

Froschhochzeit am See, Seite 38

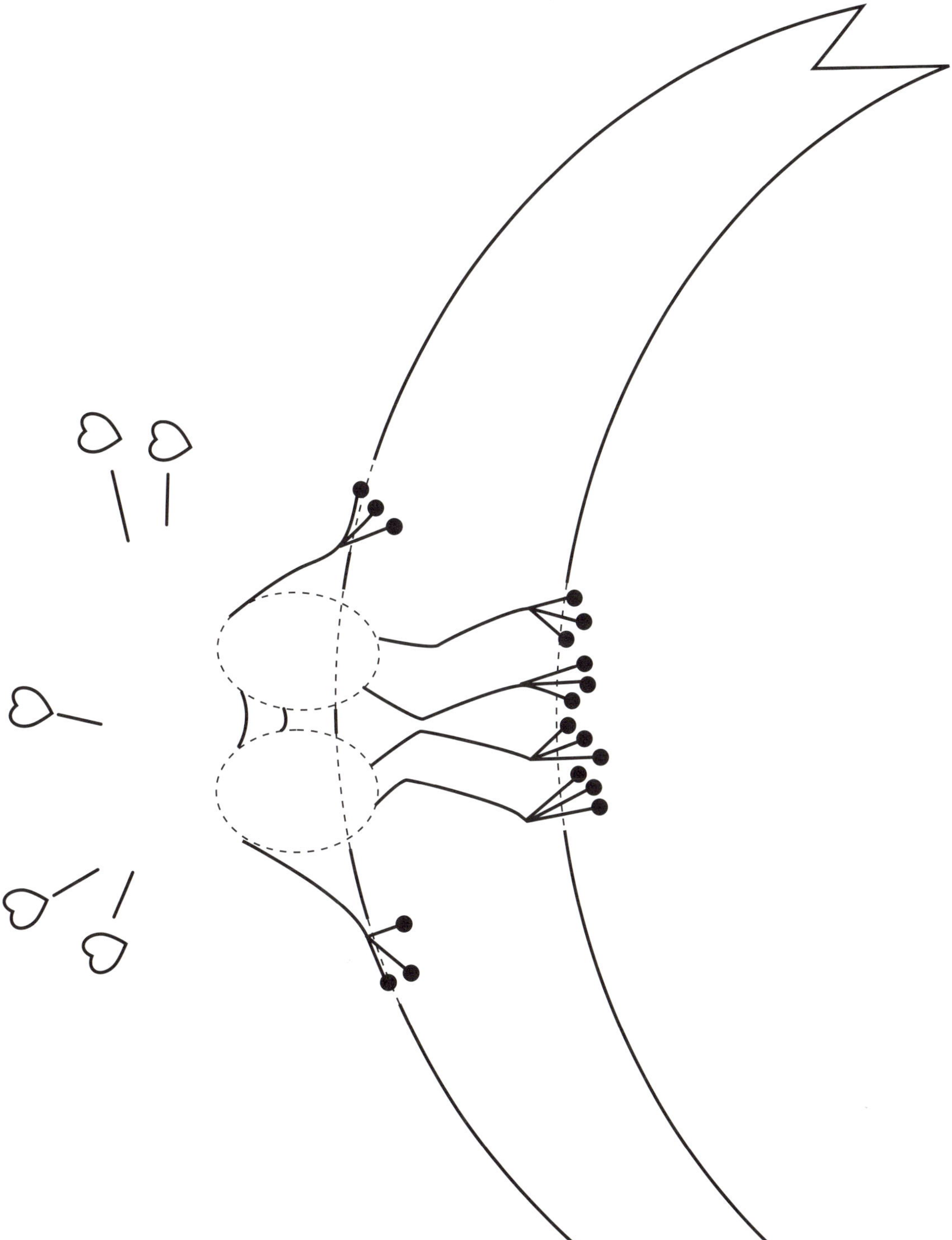

Vorlage bitte auf dem Kopierer um 25 % vergrößern.

Froschhochzeit am See, Seite 38

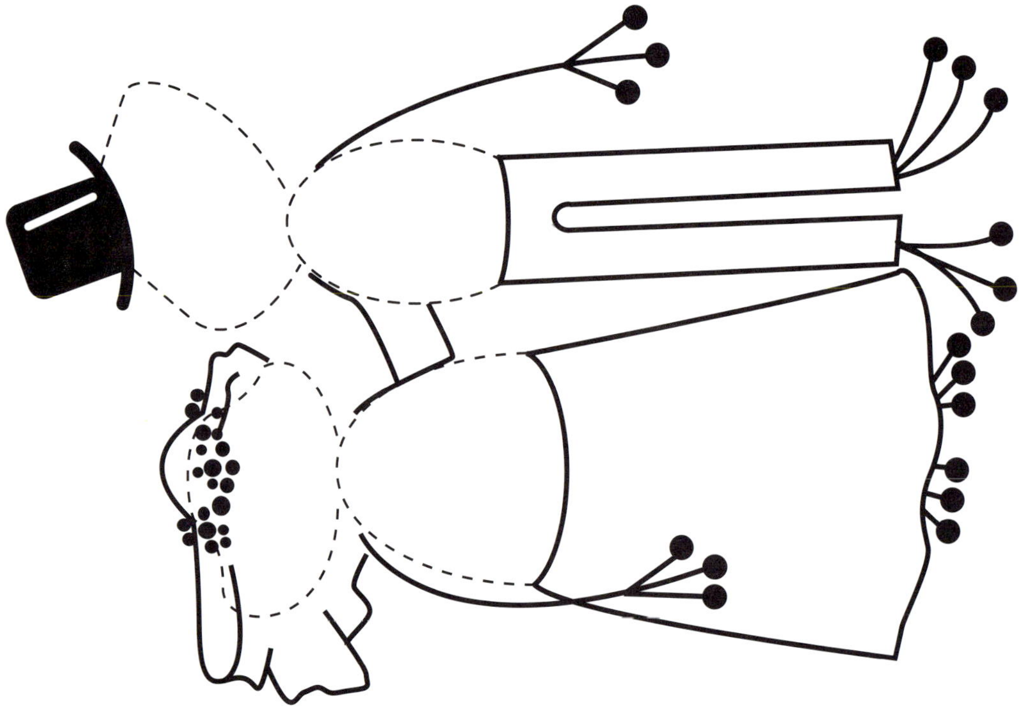

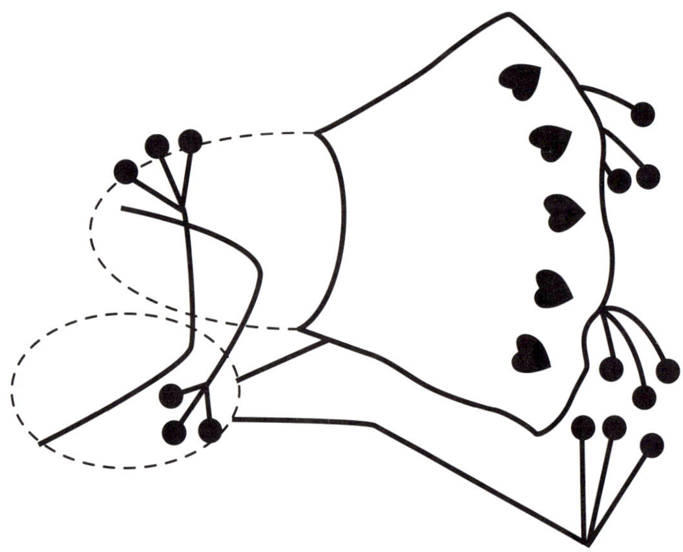

Froschhochzeit am See, Seite 38

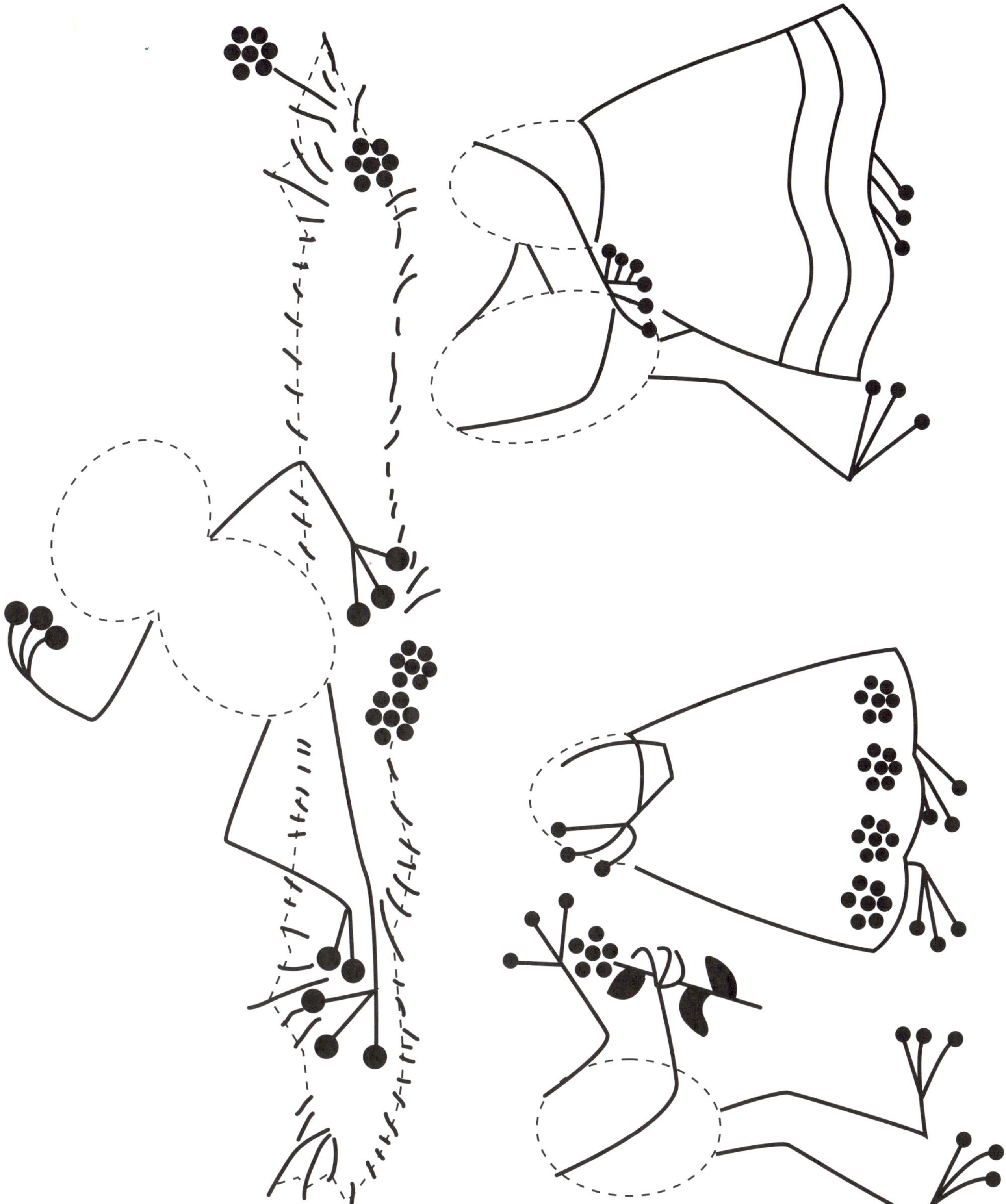

Froschhochzeit am See, Seite 38

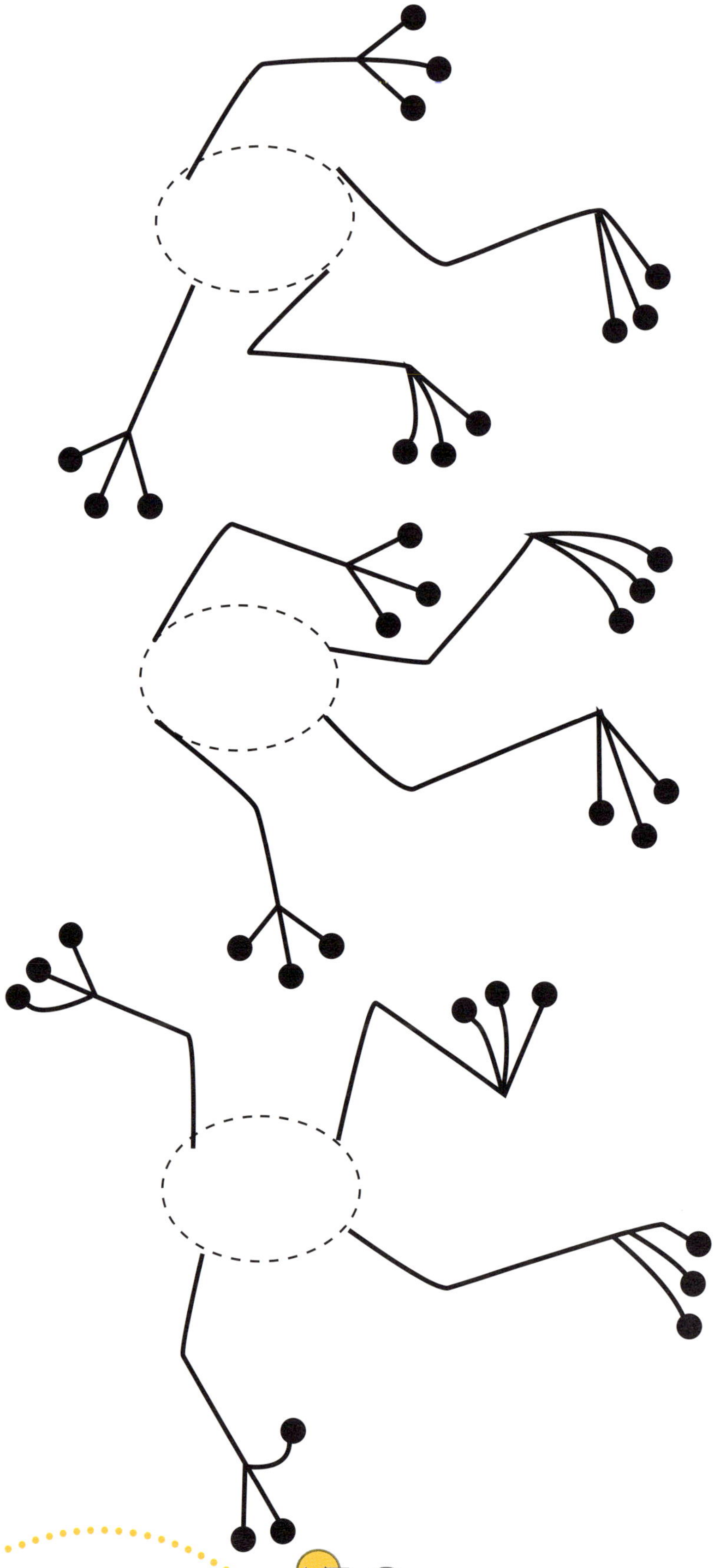

Froschhochzeit am See, Seite 38

Froschhochzeit am See, Seite 38

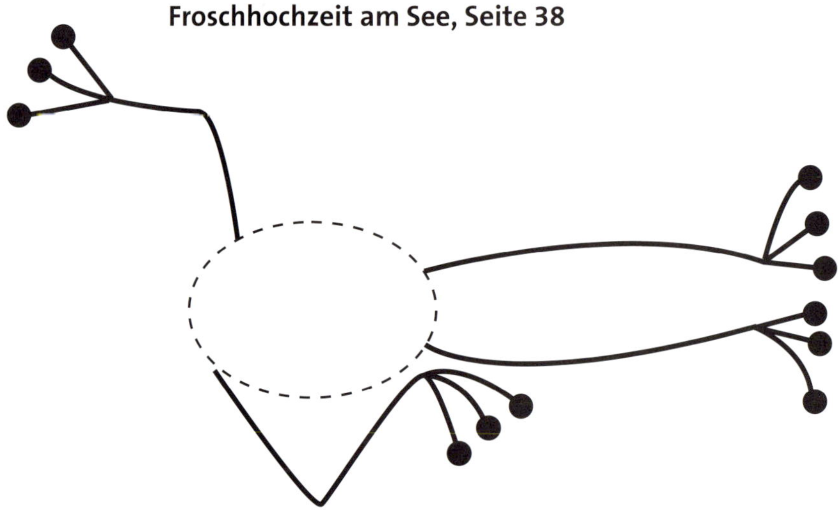

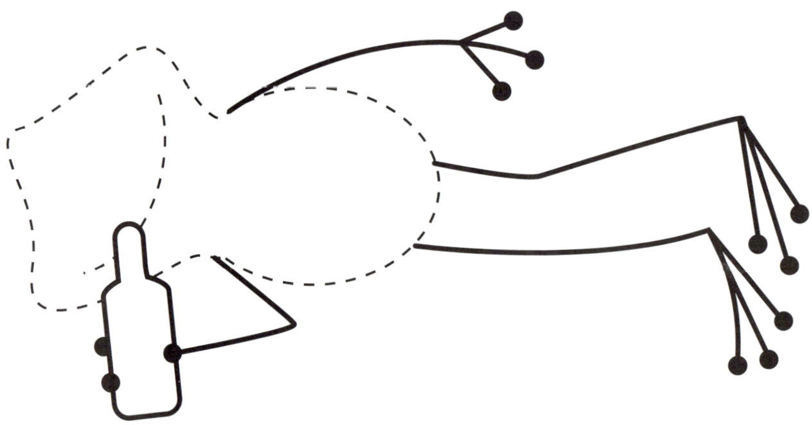

Froschhochzeit am See, Seite 38

Prächtige Blumensträuße, Seite 48

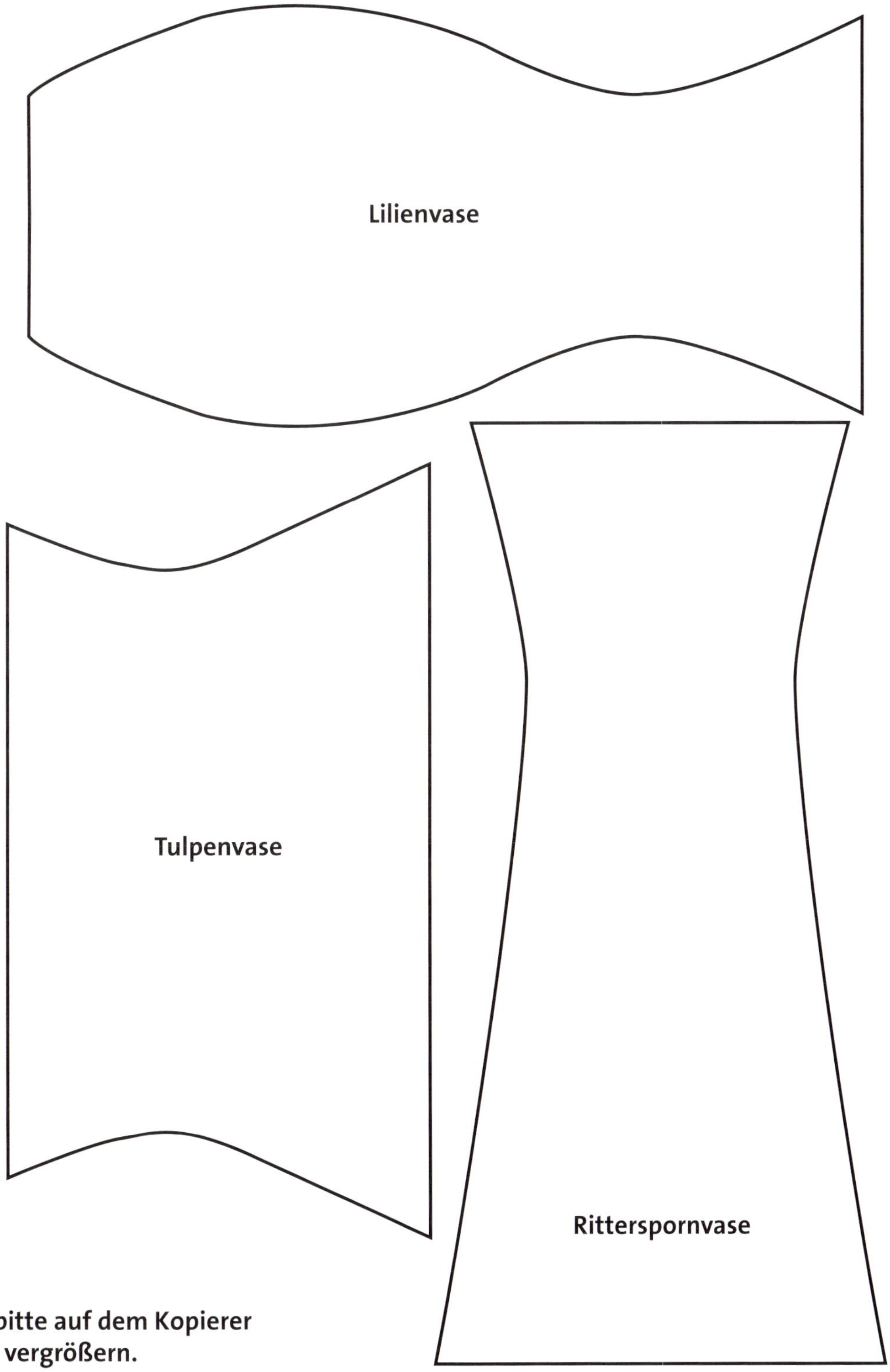

Vorlage bitte auf dem Kopierer
um 30 % vergrößern.

Bitte nicht vergessen!, Memotafel, Seite 50

Bitte nicht vergessen!,
Küchenschild, Seite 50

Schritt 1

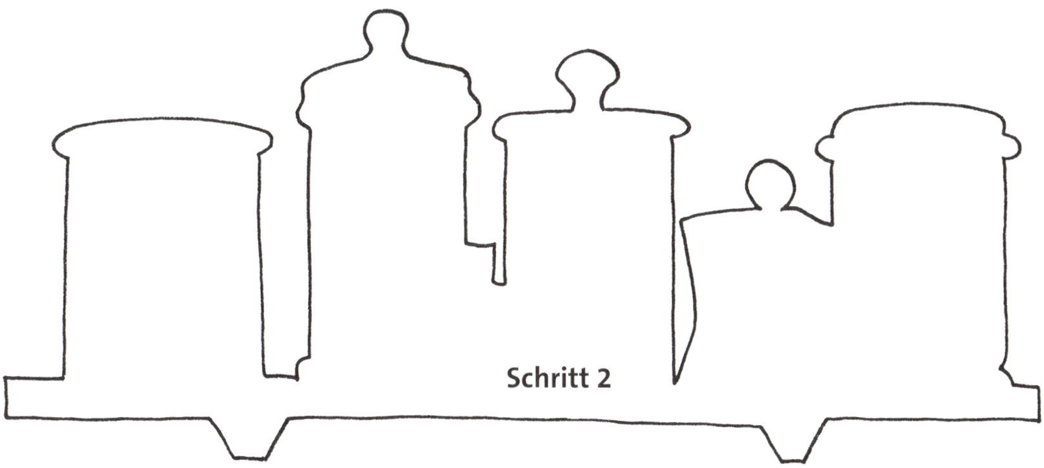

Schritt 2

Schritt 3

Vorlage bitte auf dem Kopierer
um 30 % vergrößern.

Lustige Hundeparty, Seite 58

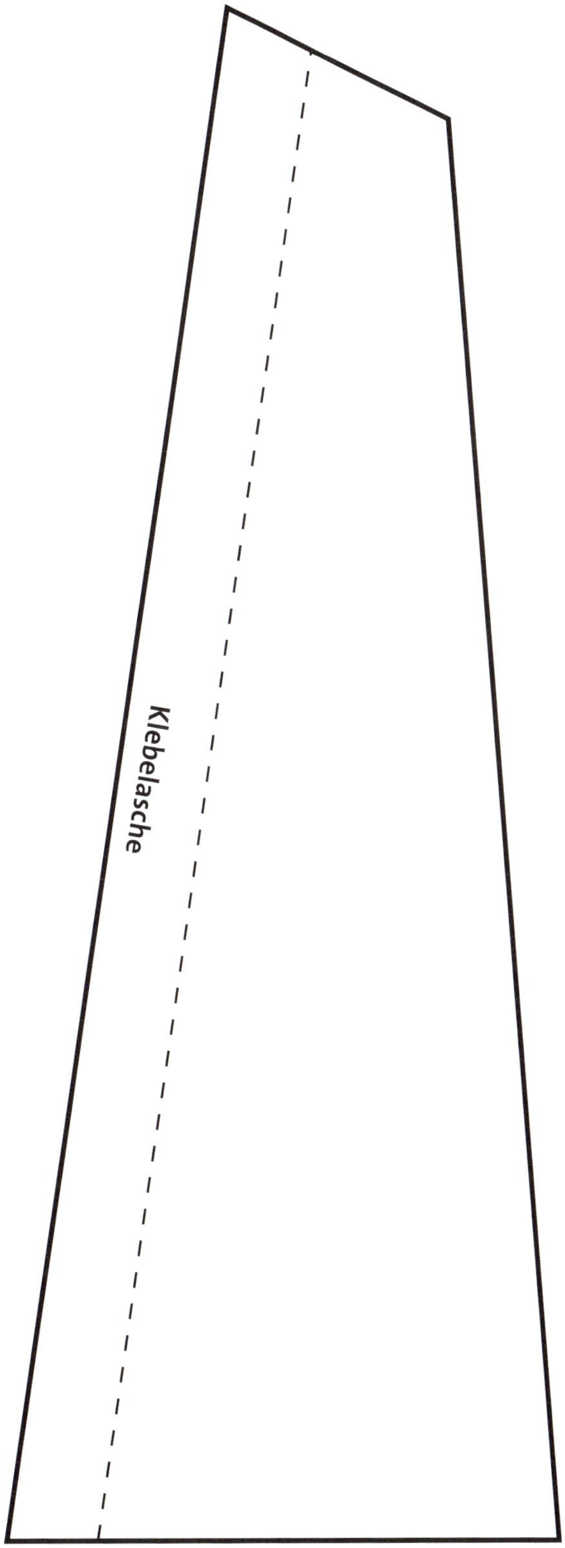

Prächtige Sonnenblumen, Seite 66

Vorlage bitte auf dem Kopierer
um 90 % vergrößern.

Prächtige Sonnenblumen, Seite 66

Vorlage bitte auf dem Kopierer
um 90 % vergrößern.

Vorlage bitte auf dem Kopierer um 30 % vergrößern.

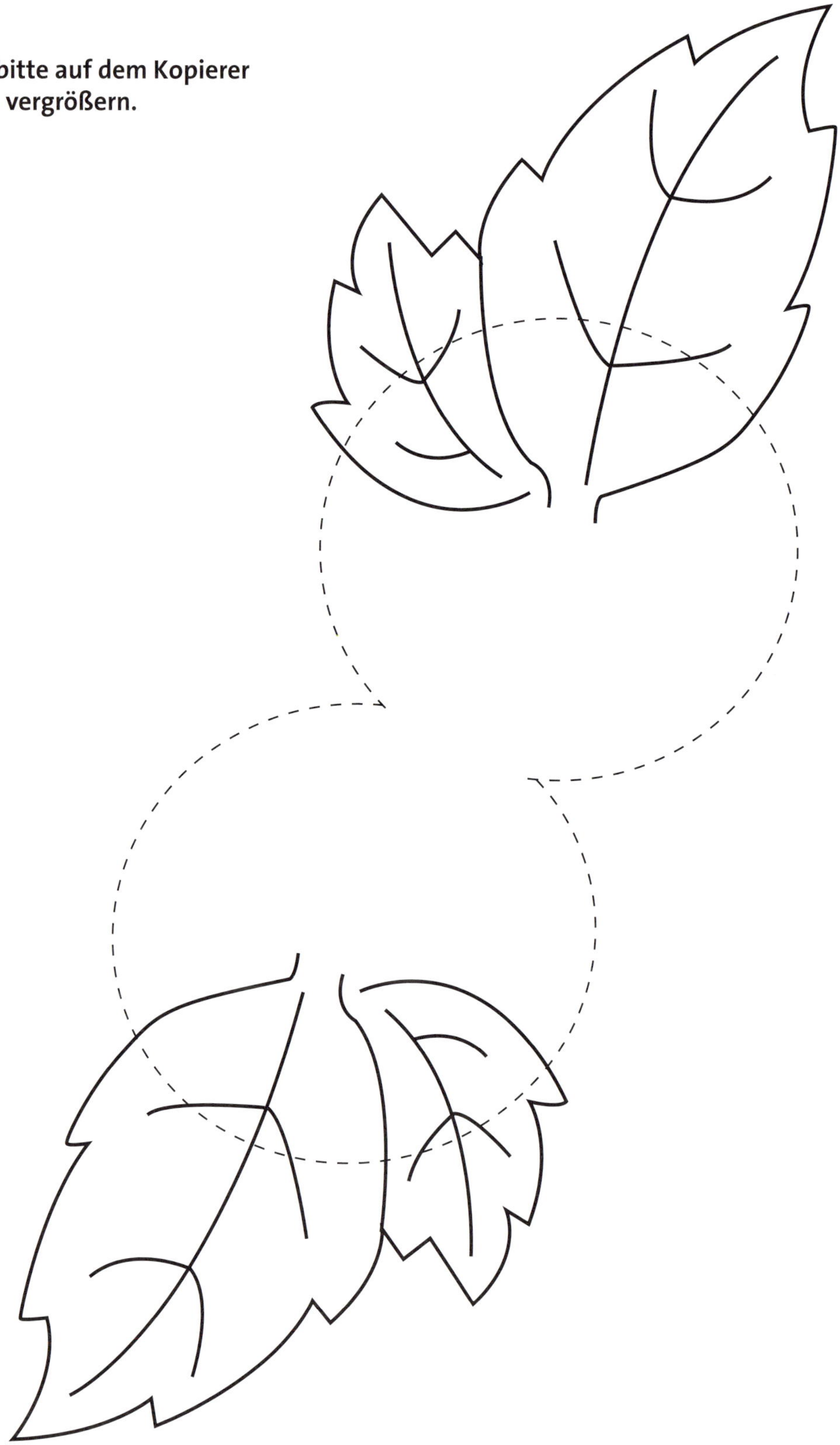

Prächtige Sonnenblumen, Seite 66

Vorlage bitte auf dem Kopierer
um 90 % vergrößern.

Eine Seefahrt, die ist lustig, Seite 72

Vorlage bitte auf dem Kopierer um 25 % vergrößern.

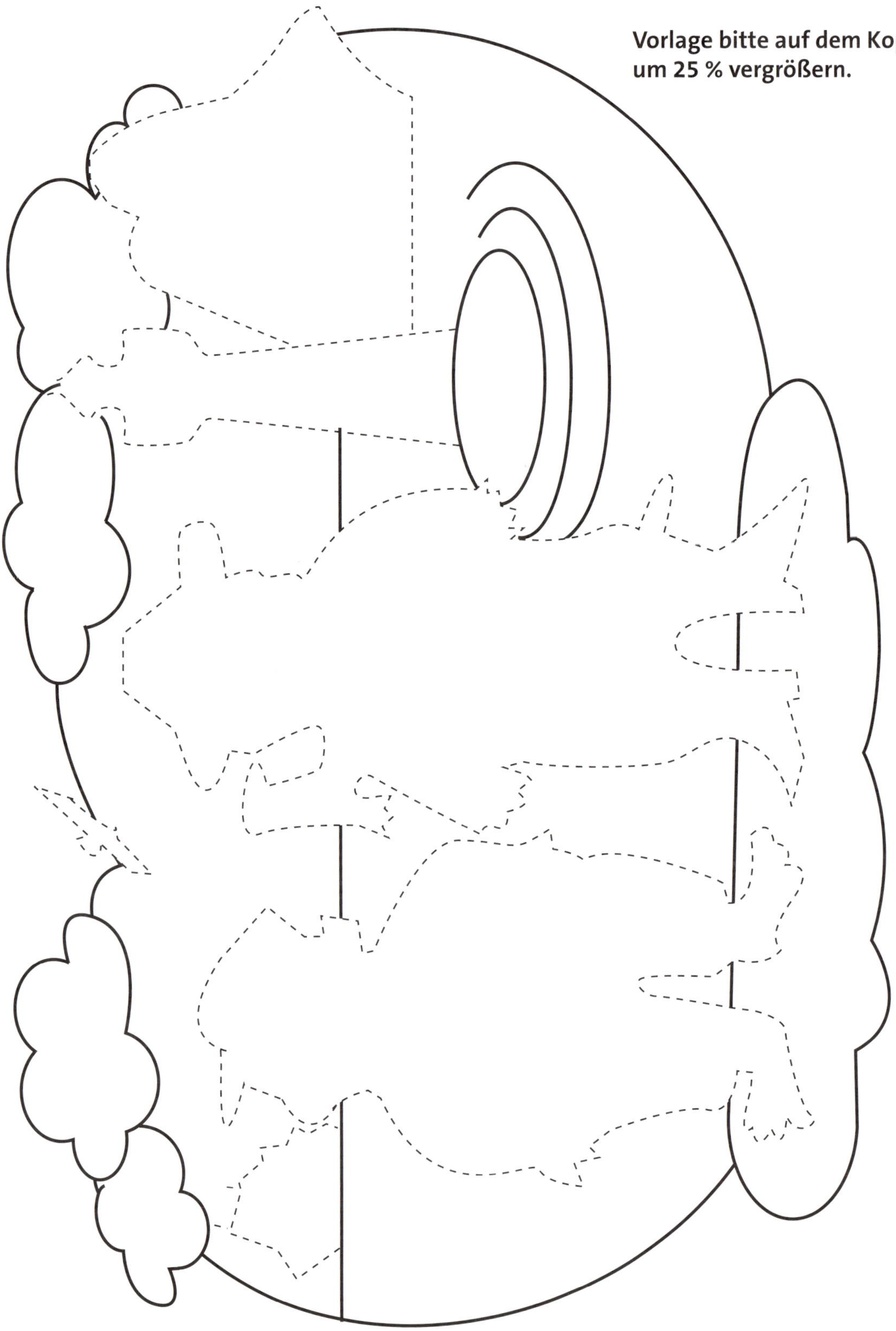

Eine Seefahrt, die ist lustig, Seite 72

Vorlage bitte auf dem Kopierer
um 25 % vergrößern.

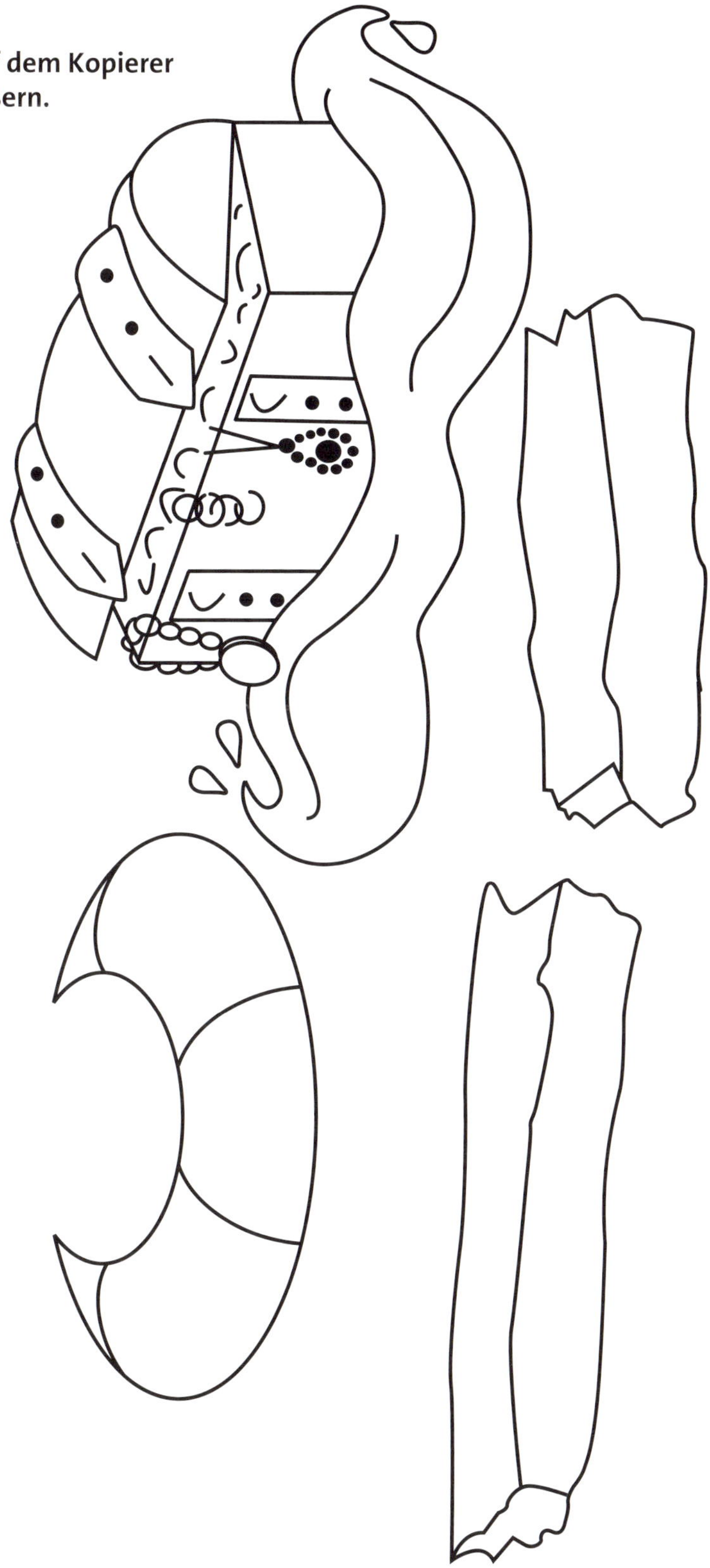

Eine Seefahrt, die ist lustig, Seite 72

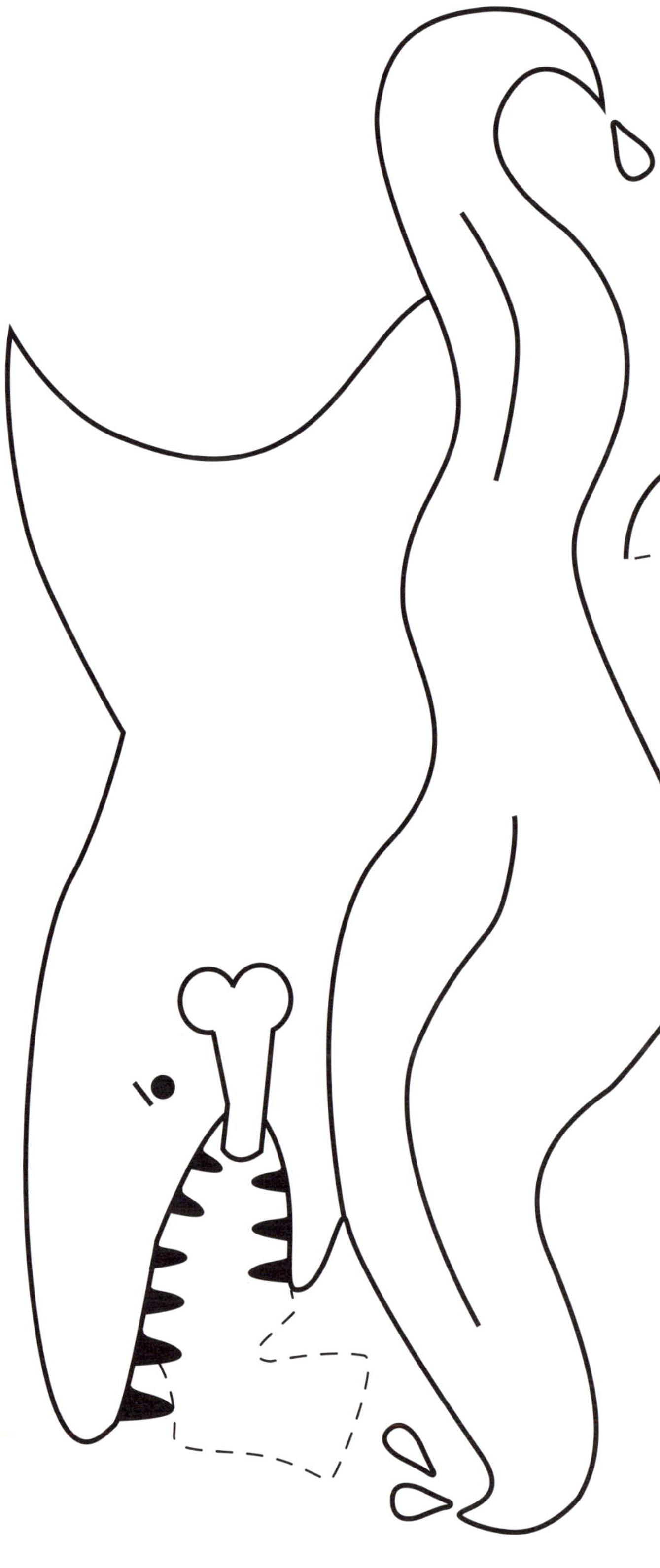

Fröhliches Rabenfest, Seite 80

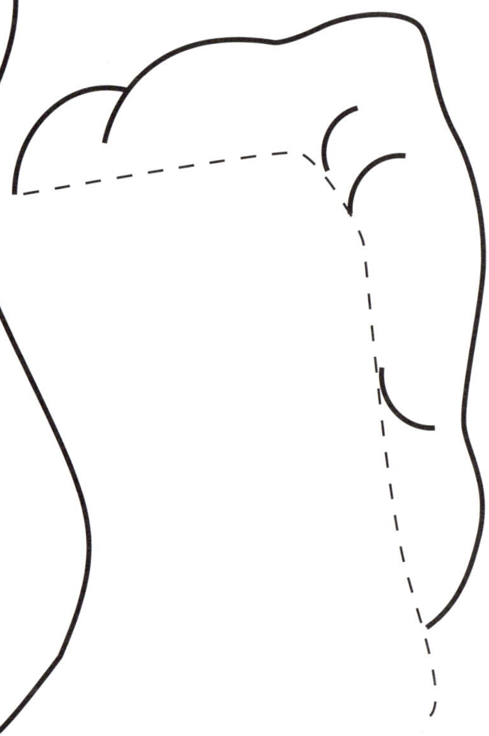

Gruselige Halloweenparty, Seite 94

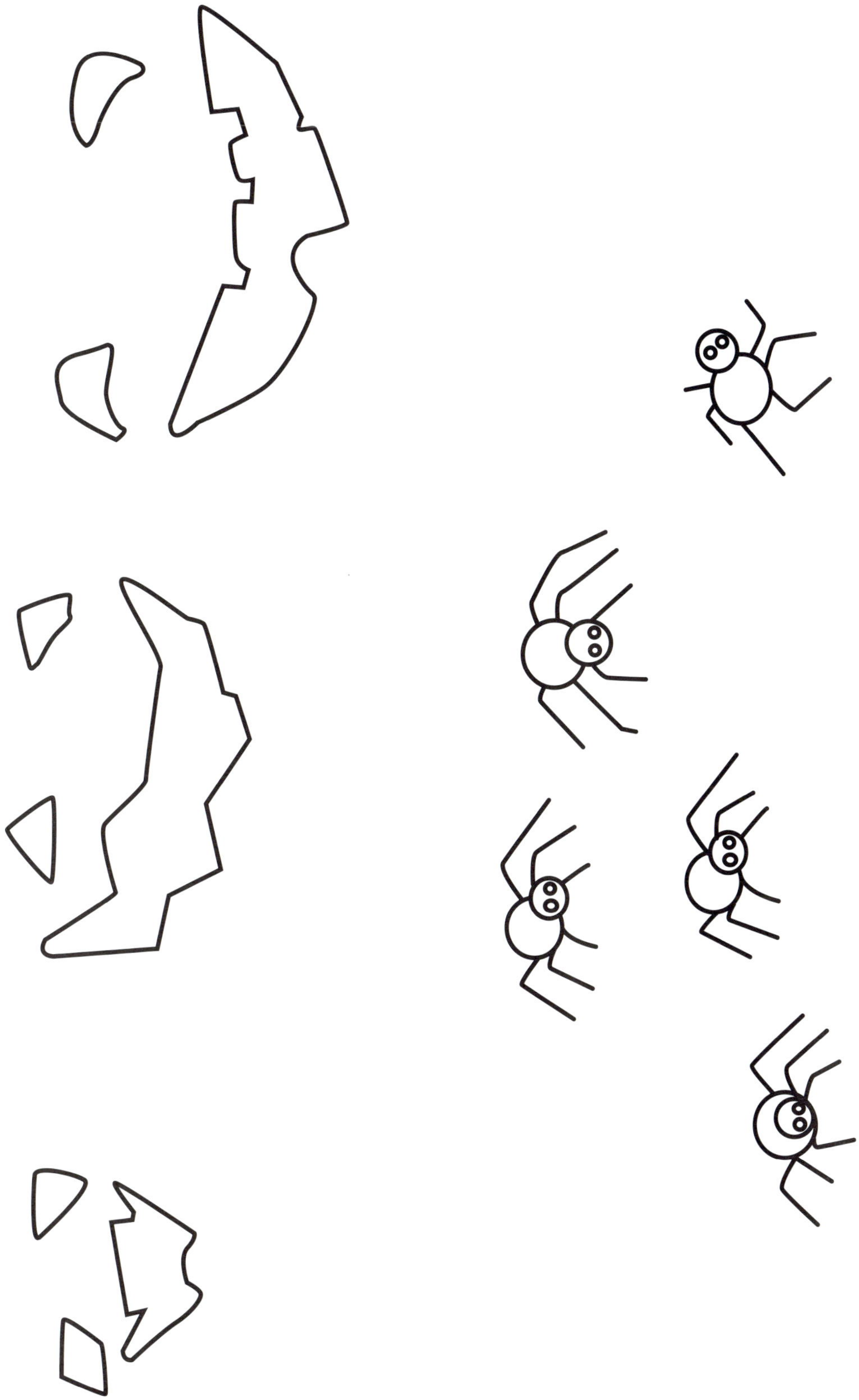

Gruselige Halloweenparty, Seite 94

Spuk im Geisterschloss, Seite 96

Vorlage bitte auf dem Kopierer um 85 % vergrößern.

Dicke Freunde, Seite 100

Vorlage bitte auf dem Kopierer um 55 % vergrößern.

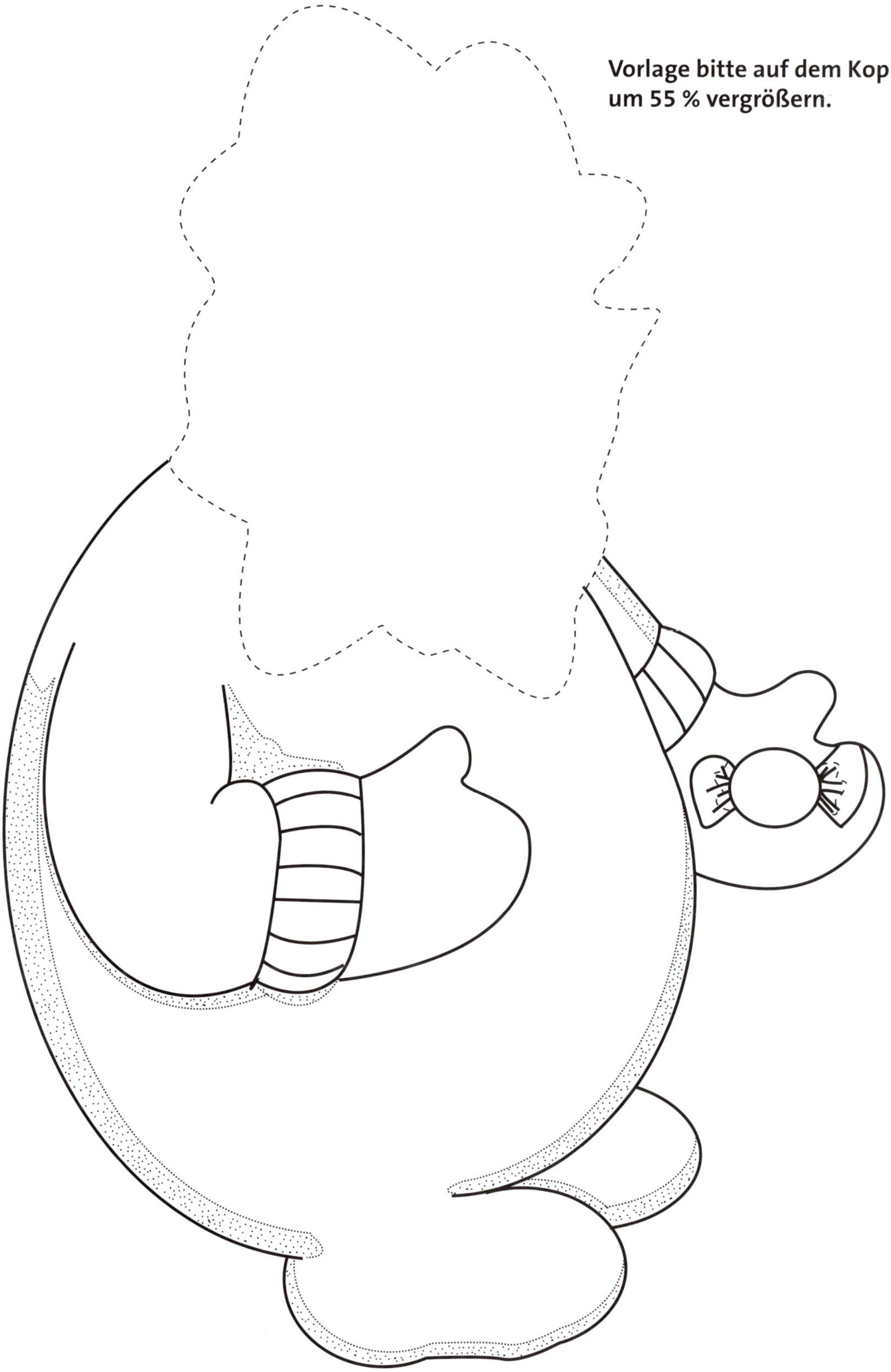

Dicke Freunde, Seite 100

Vorlage bitte auf dem Kopierer um 55 % vergrößern.

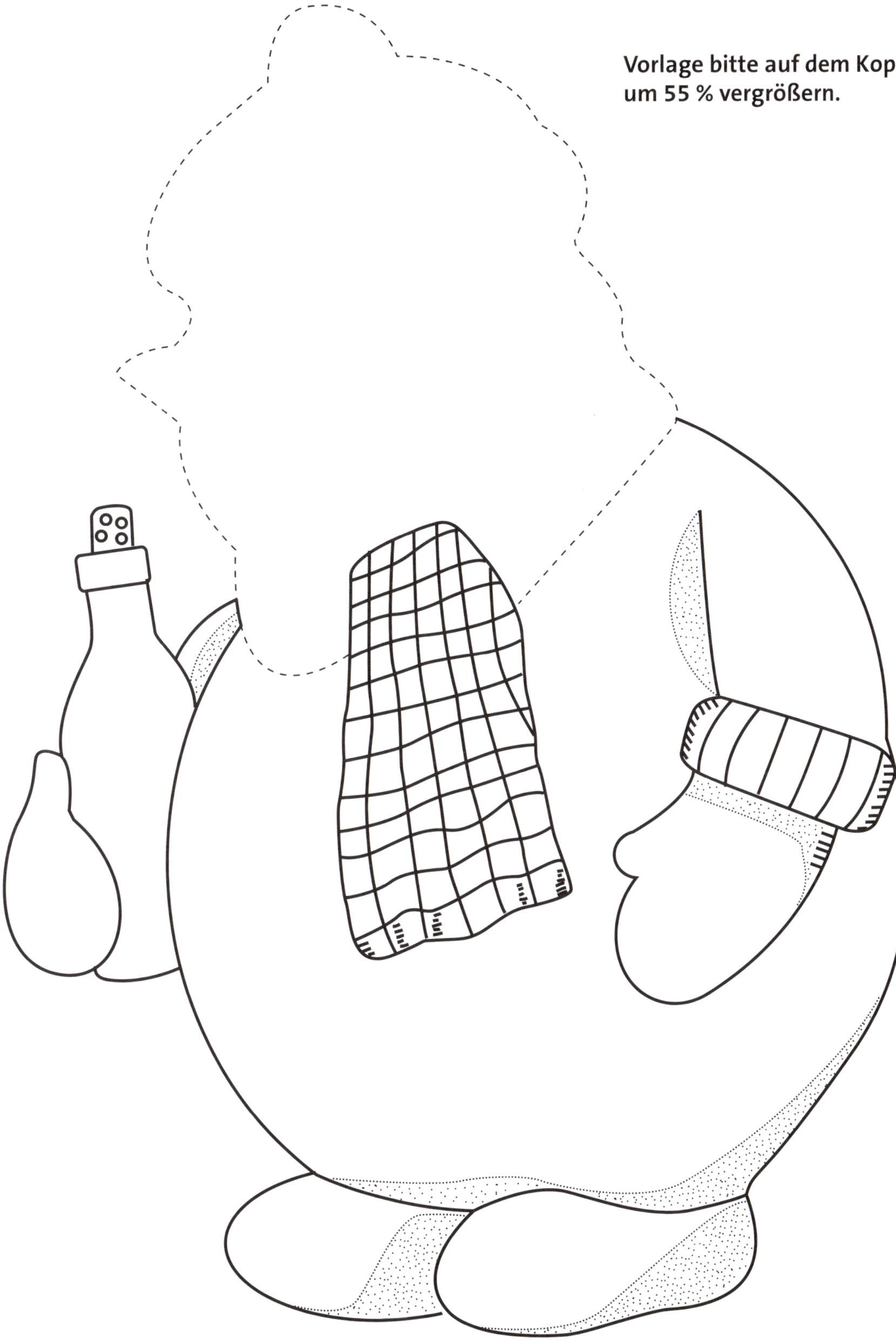

Vorlage bitte auf dem Kopierer um 100 % vergrößern.

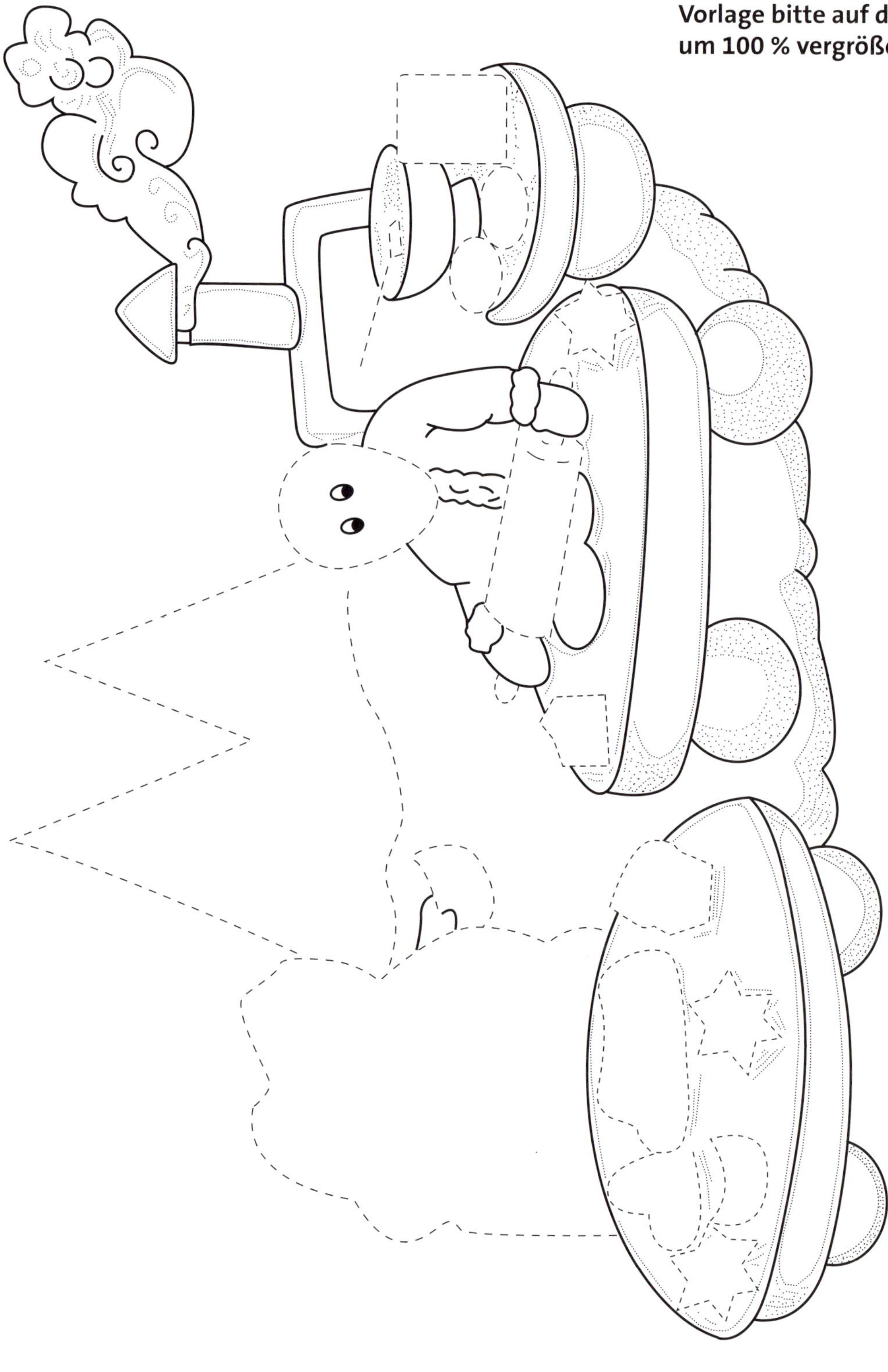

Bärchen im Schnee, Seite 108

Vorlage bitte auf dem Kopierer um 25 % vergrößern.

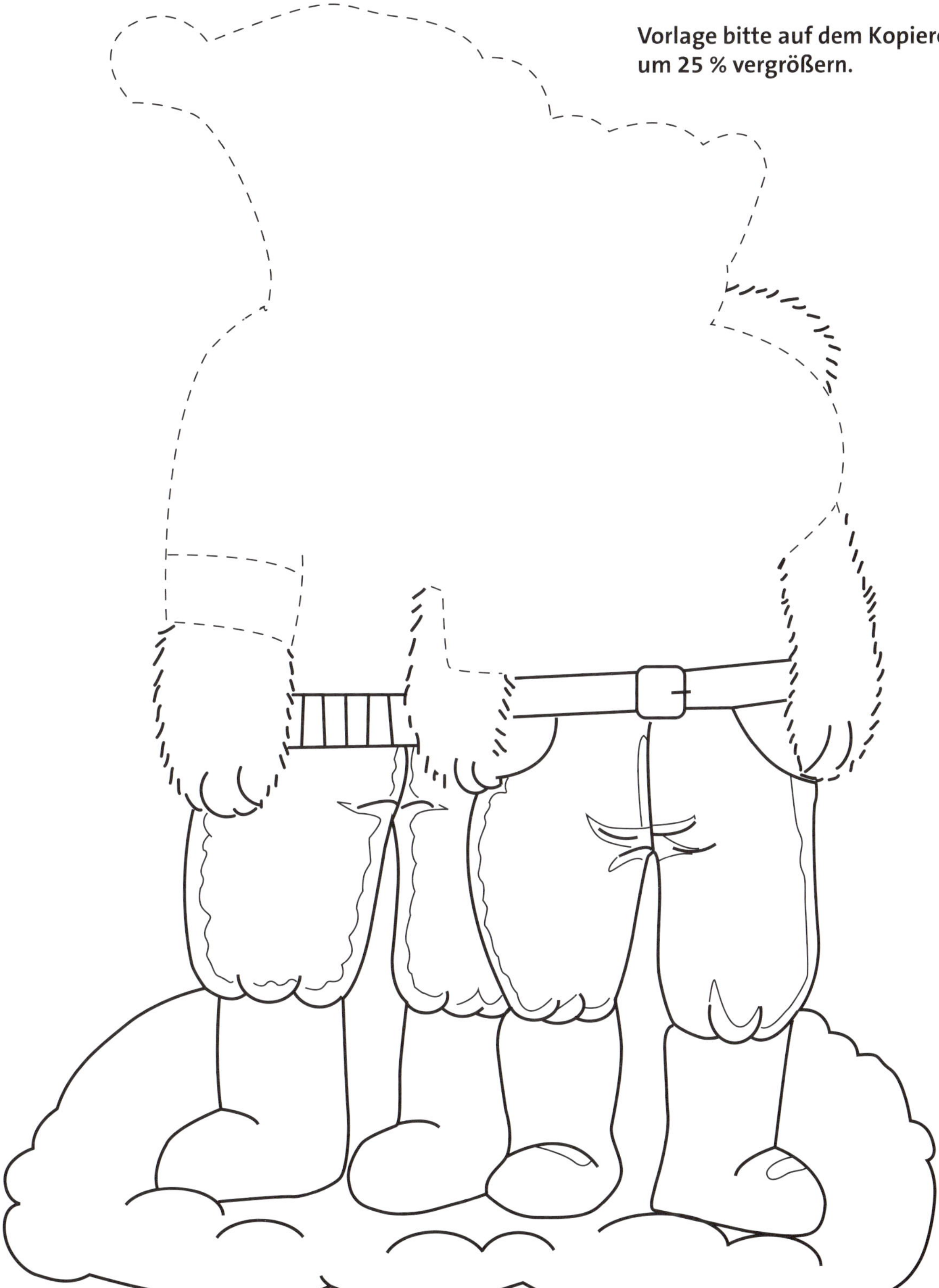

Prächtiger Weihnachtsmann, Seite 110

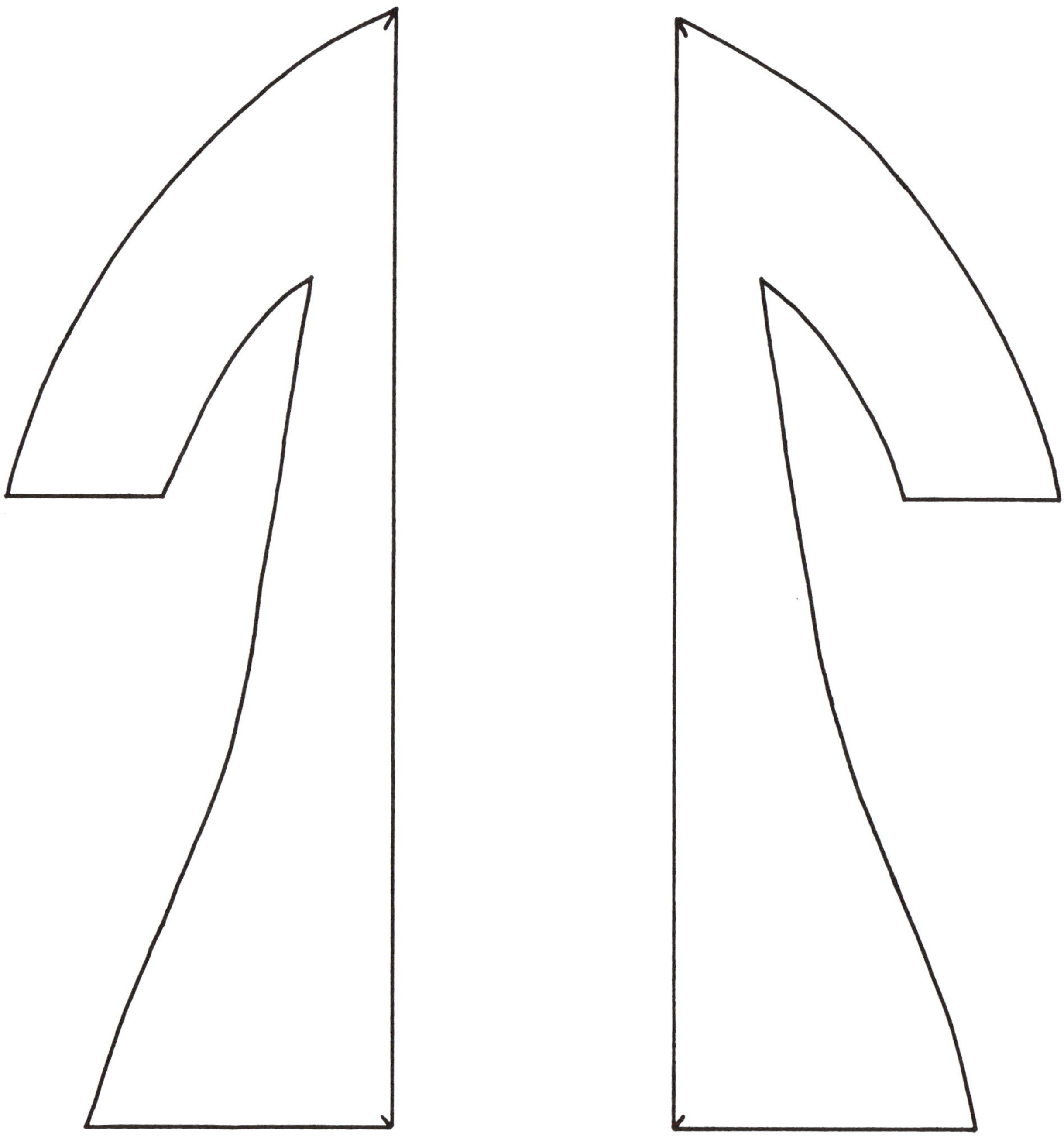

Prächtiger Weihnachtsmann, Seite 110

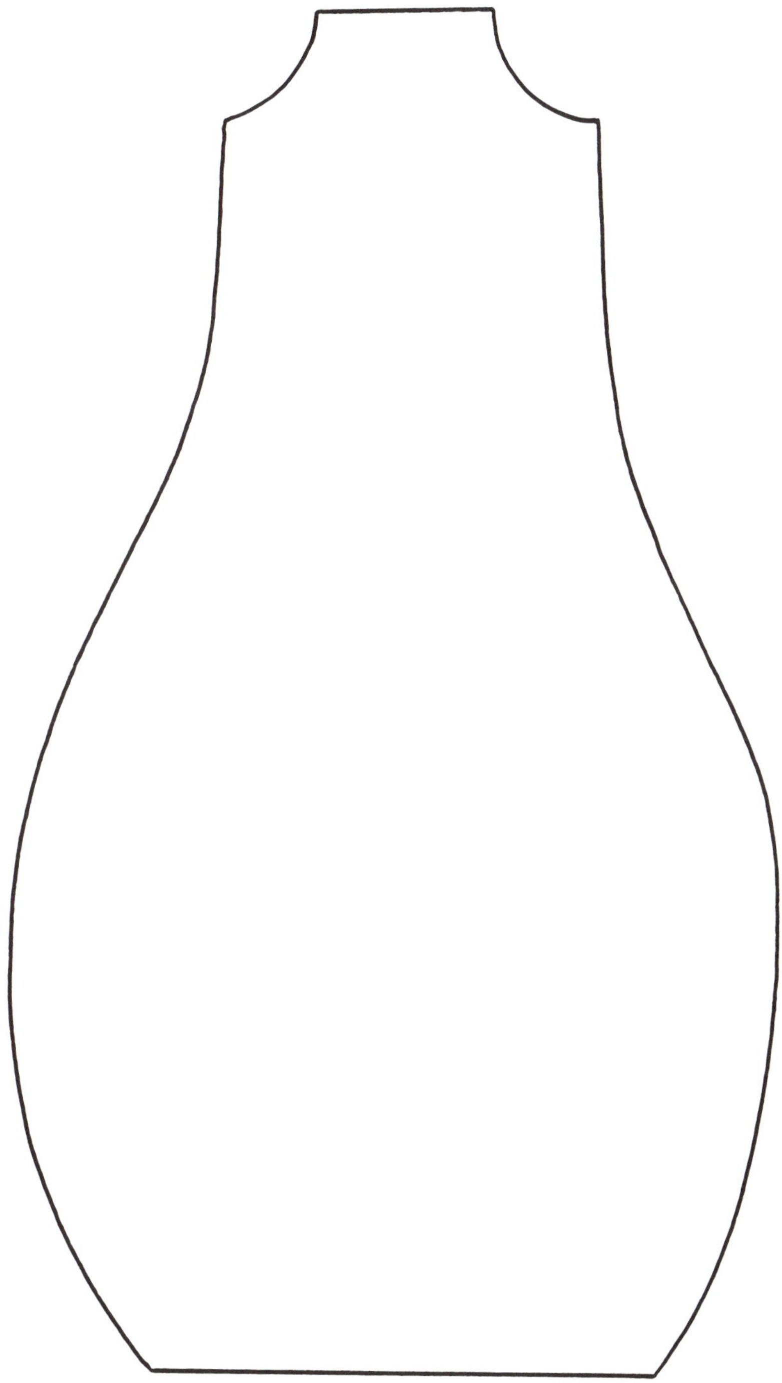

Prächtiger Weihnachtsmann, Seite 110

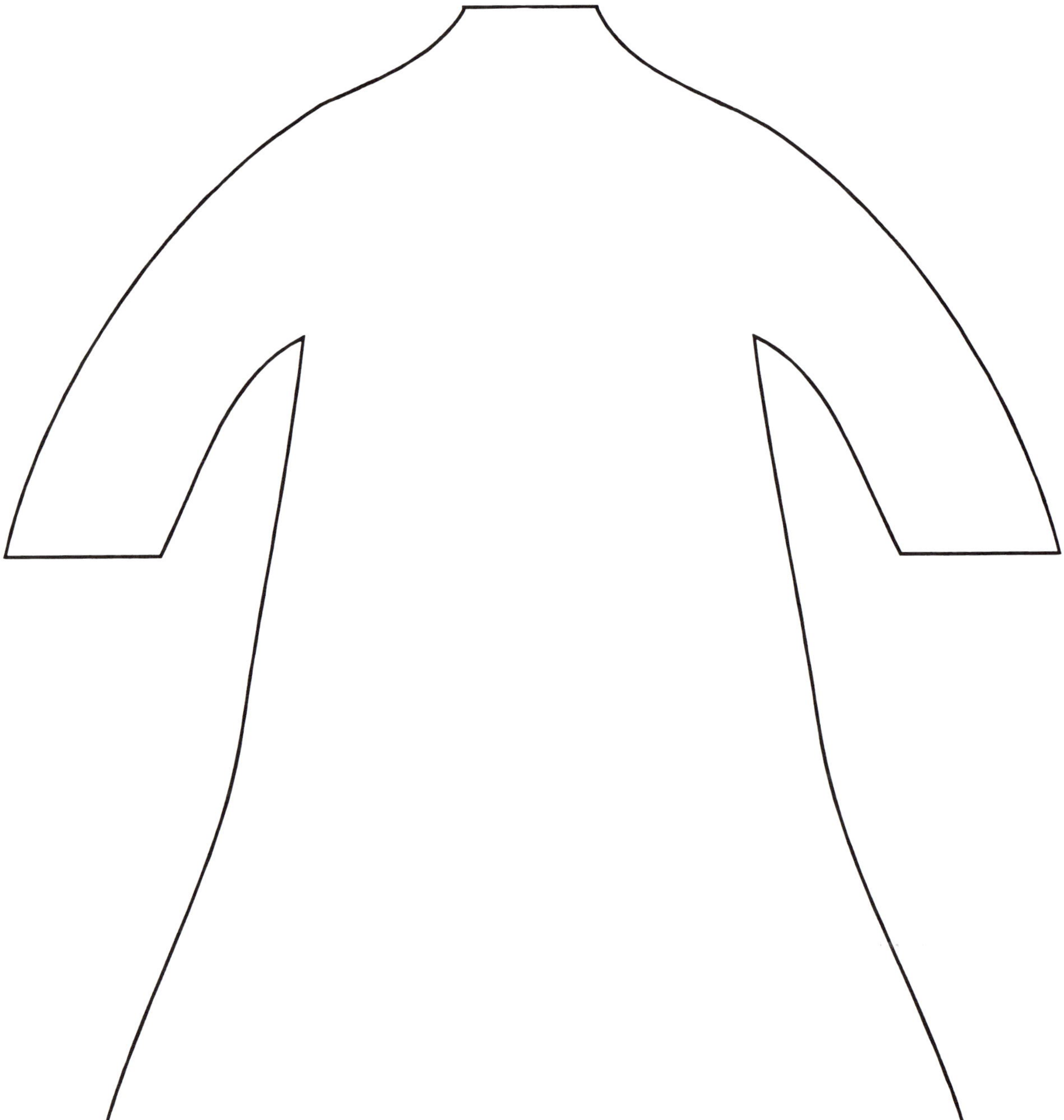

Leuchtendes Weihnachtshaus, Seite 116

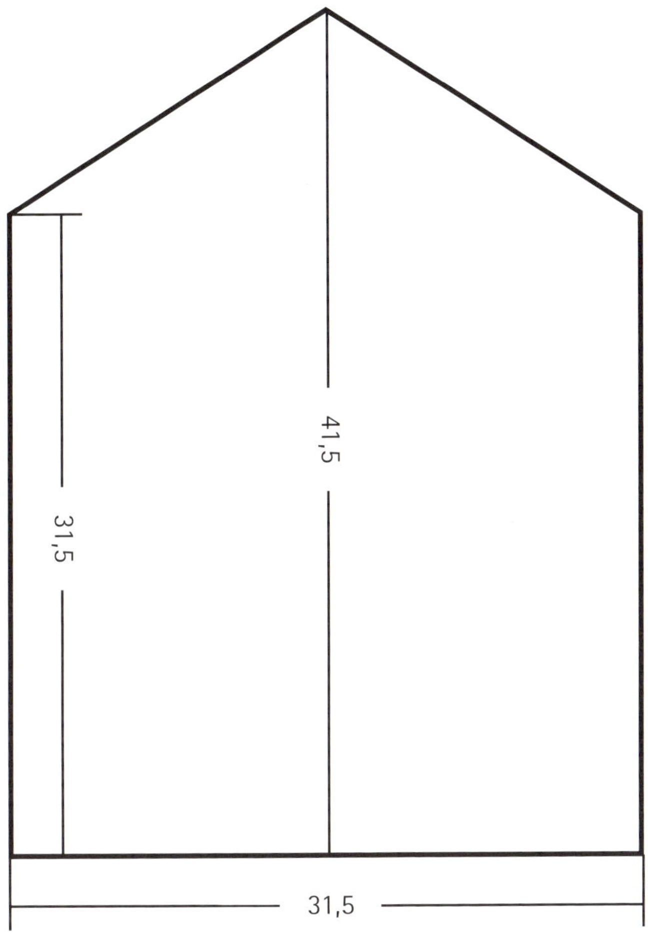

Leuchtendes Weihnachtshaus, Seite 116

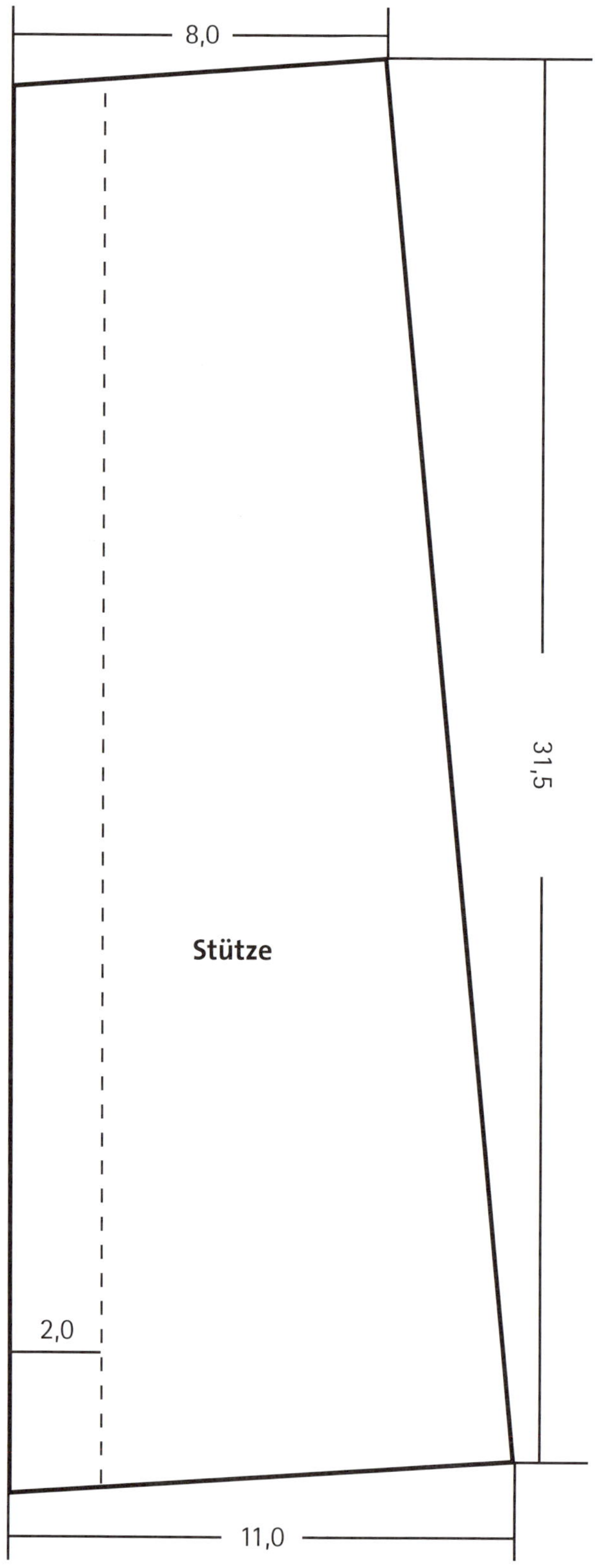

Leuchtendes Weihnachtshaus, Seite 116

Grundplatte

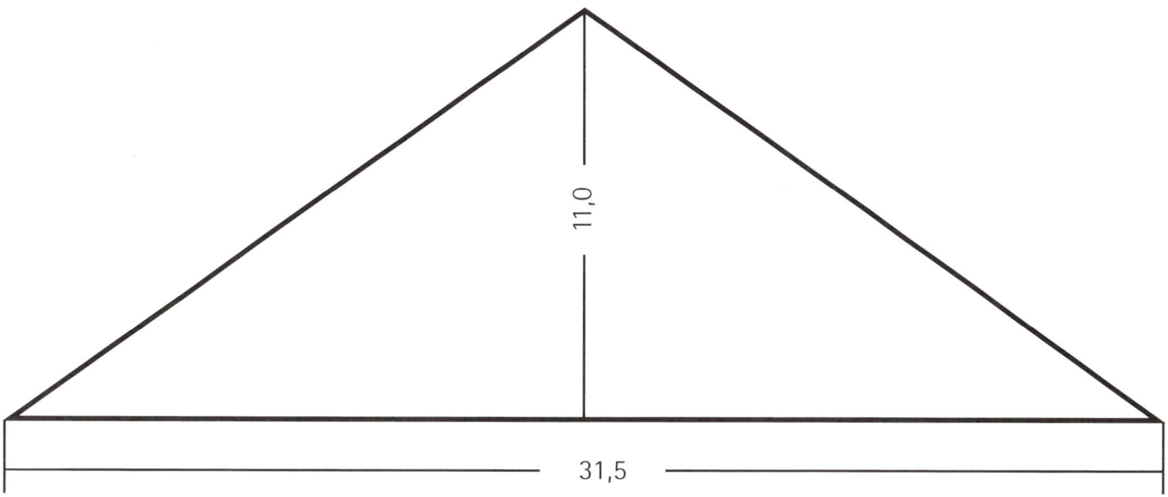

Der Text dieses Buches entspricht den Regeln der neuen deutschen Rechtschreibung.

Die Autorinnen und ihre Beiträge:
Mona Funk und Ulla Schickedanz: S. 102, 106, 110, 114, 118, 120; **Sabine van der Heide**: S. 16, 52, 56, 60, 64, 68, 74, 78, 82; **Sabine van der Heide und Katja Juretzek**: S. 20, 26, 30, 50, 70, 76, 86; **Anne Pieper**: S. 14, 18, 22, 24, 28, 32, 34, 36, 38, 40, 42, 44, 46, 48, 54, 58, 62, 66, 72, 80, 84, 88, 90, 92, 94, 96, 98, 100, 104, 108, 112, 116

ISBN 3 8094 1380 1

Umschlaggestaltung: Epsilon2, Konzept & Gestaltung, Augsburg
Projektleitung: Carina Janßen
Gesamtproducing: Epsilon2, Konzept & Gestaltung, Augsburg
Layout: Epsilon2, Konzept & Gestaltung, Augsburg
Redaktion: Christopher Hammond, München
Fotos: Immo Niedre, Foto Design, Augsburg: S. 4, 7, 9, 10, 11, 15, 19, 23, 25, 29, 33, 35, 39, 43, 45, 49, 53, 55, 59, 63, 67, 73, 81, 85, 89, 91, 93, 95, 97, 101, 105, 109, 113, 117; Katja Juretzek, Leverkusen: S. 12, 13; alle übrigen: Susa Kleeberg und Friedeman Rink, Wiesbaden
Zeichnungen: Ulrike Hoffmann, Bodenheim: S. 122, 123, 136, 137, 154, 155, 156; alle übrigen: Epsilon2, Konzept & Gestaltung, Augsburg

Satz: Epsilon2, Konzept & Gestaltung, Augsburg
Druck und Bindung: Neografia a.s.
Printed in Slovakia

817 2635 4453 6271